Pierre Morand

trente séquences d'ORTHOGRAPHE de BASE C.E.1 et C.E.2

Acquisition prioritaire de 660 mots fréquents (300 mots au C.E. 1 et 360 mots au C.E. 2)

livre du maître

ÉDITIONS MDI

Edition juillet 2007

DIALOGUE AVEC L'AUTEUR

L'auteur répond à des questions qui lui ont été posées, soit à l'occasion de réunions pédagogiques, par des groupes de travail, soit « sur le terrain », par des maîtres face aux réalités de leur classe et aux prises avec les difficultés quotidiennes qu'ils rencontrent au niveau de la pratique du métier... Il s'agit donc de propos tenus oralement et rapportés comme tels.

***

En réalisant votre collection « orthographe de base », quelles ont été vos intentions ?

Si j'ai décidé de réaliser cette collection, c'est parce que j'ai eu le sentiment que la « réforme » dont on a tant parlé ne pouvait constituer une solution valable à la « crise de l'orthographe » (ce qui ne veut pas dire que, vraisemblablement et dans une certaine mesure, quelques simplifications ne pourraient être apportées à l'orthographe française ; toutefois, je ne pense pas que ces simplifications auraient une incidence considérable sur le vocabulaire et la grammaire, au niveau de l'école élémentaire), mais c'est surtout parce que je suis persuadé que le véritable problème se situe sur un plan pédagogique et que la pratique d'un enseignement de l'orthographe réellement rénové est à la portée de tous, à condition que l'on veuille bien tenir compte des données scientifiques dont on dispose actuellement...

A vrai dire, on a longtemps confondu l'enseignement de l'orthographe avec la dictée. Ce procédé empirique n'était peut-être pas, d'ailleurs, aussi inefficace qu'on a voulu le dire. La multiplicité des dictées obligeait les élèves à écrire de mémoire un certain nombre de mots qui revenaient à intervalles plus ou moins réguliers. Il s'élaborait ainsi en classe (sans qu'on en ait toujours véritablement conscience) un certain vocabulaire orthographique qui était en réalité un vocabulaire « d'auteur »... C'est le « vocabulaire de la dictée de certificat d'études » qui constituait le vocabulaire de base de l'époque.

Puis sont apparues les « règles d'orthographe d'usage ». Établies d'abord par certains, de façon raisonnable (plus que raisonnée), elles apportaient, dans un cadre limité, une codification qu'on pouvait juger acceptable... Mais le signal était donné ! Reprises ensuite et multipliées par d'autres, de façon inconsidérée, puis frénétique (j'allais dire « démentielle »), au mépris le plus total du vocabulaire de base de l'enfant, suivies et ... contestées par d'inévitables exceptions (comme « acabit », « acariâtre »... pour n'en citer que deux parmi les plus célèbres !), elles traduisaient clairement une intention : celle de rationaliser à tout prix l'orthographe française. Certes, il serait inexact de dire que notre orthographe est irrationnelle, mais sa rationalité n'apparaît qu'à un esprit hautement cultivé, parfaitement informé des origines de notre langue. La complexité du système phonético-graphique du français doit nous inciter à rester très modestes au niveau de l'école élémentaire.

Ajoutons à cela qu'en orthographe grammaticale, on a certainement multiplié de façon excessive les exercices concernant les homophones grammaticaux (trop souvent sans souci de liaison avec la dictée) et nous aurons esquissé les grandes lignes d'un enseignement sur lequel on ne s'est guère penché jusqu'à ces dernières années. Il n'est pas exagéré de dire qu'un tel enseignement de l'orthographe, procurant au maître une impression (illusoire) de sécurité qui lui donnait bonne conscience, nous a conduits beaucoup plus à des aberrations — dont plusieurs générations d'élèves ont eu à subir les conséquences fâcheuses — qu'à un progrès.

Mes ouvrages ont pour modeste ambition d'aider les maîtres à concevoir d'une façon nouvelle leur enseignement de l'orthographe et à l'organiser méthodiquement, d'année en année, en reprenant les acquisitions de l'année précédente et en les élargissant, tant dans le domaine de l'orthographe lexicale — compte tenu du vocabulaire de base de l'enfant — que dans celui de l'orthographe grammaticale. Je ne crois pas nécessaire de revenir sur les objectifs précis que j'ai visés, puisqu'ils sont indiqués — de façon explicite, je pense — dans la préface des livres de l'élève.

Pourriez-vous préciser votre opinion, en ce qui concerne les homophones grammaticaux ?

Les juxtapositions d'homophones grammaticaux sont des exercices séduisants, qui donnent généralement des résultats flatteurs dans l'immédiat, mais dont l'efficacité à longue échéance est douteuse. Il faut avoir conscience que ce n'est pas toujours en rapprochant des homophones grammaticaux qu'on parviendra à les faire distinguer mieux et plus rapidement. En pratiquant ainsi, on risque même — contrairement au but recherché — de provoquer finalement des confusions dans l'esprit de certains enfants... Si l'on peut admettre l'opportunité de ces exercices dans quelques cas (lorsqu'on étudie *a* et *à, ou* et *où,* par exemple), il faut se garder néanmoins d'en faire un usage excessif et prématuré. Lorsque c'est possible, étudions plutôt les homophones grammaticaux séparément et dans des directions différentes (par exemple : *on* accompagnera toujours *il* ou *elle ; ont* sera associé aux constantes *vont, font, sont auront...*). C'est d'ailleurs ce que je me suis efforcé de réaliser.

Que l'on considère les rapprochements d'homophones grammaticaux comme des « exercices de la dernière chance » et qu'on les réserve, en fin de cours moyen, aux élèves qui n'ont pu distinguer ces homophones en suivant d'autres voies, cela peut se concevoir, mais ce n'est pas une raison pour les proposer à toute la classe !

Considérez-vous qu'il existe un programme d'orthographe ?

L'orthographe est une discipline-outil. Pour utiliser cet outil avec aisance, il est indispensable de le maîtriser. Cela implique qu'il faille acquérir des connaissances. Or, dans le domaine de l'orthographe, il semble possible de cerner une limite en matière de connaissances : les quelque 250 000 mots de la langue française et les règles grammaticales. Qu'on accepte le terme « programme » ou qu'on le refuse, il est des réalités qu'on ne peut nier !

Peut-on encore parler de « programme » à l'école élémentaire ?

Au début de sa scolarité, chaque individu entreprend une marche vers cette « limite de connaissances orthographiques » (qu'il ne parviendra sans doute jamais à atteindre), marche qu'il continuera durant sa vie, jusqu'à ce qu'il atteigne la limite de son propre parcours... L'école élémentaire a pour mission d'ouvrir la voie et de guider les premiers pas. Elle doit donc limiter ses ambitions, compte tenu des possibilités des élèves et du temps dont elle dispose. (Je vous laisse le soin de calculer le temps réel de scolarité d'un élève et d'évaluer la fraction de ce temps qui peut être consacrée normalement à l'enseignement spécifique de l'orthographe.)

Pour donner un enseignement efficace en un temps limité, il faut faire un choix. On peut estimer — toujours au niveau de l'école élémentaire — que 2 000 à 2 500 mots environ sont vraiment « opérationnels ». Un élève en ayant mémorisé la graphie à la fin du CM2 posséderait déjà un « bagage » qui lui permettrait d'orthographier d'une façon fort convenable ce qu'il voudrait communiquer par écrit. Ces 2 500 mots constituent-ils un « programme » ? Non, si cela doit signifier programme « exhaustif » ou « limitatif »... Pourquoi pas, s'il s'agit **d'acquisitions prioritaires** seulement !

On est étonné de ne pas trouver dans l'Échelle Dubois-Buyse certains mots simples, alors que des mots difficiles y figurent. Qu'en pensez-vous ?

Quel enseignant n'a pas choisi, un jour, une dictée « facile » et... enregistré avec surprise un échec « inexplicable » sur le plan de l'orthographe lexicale ? En revanche, qui n'a jamais eu la satisfaction d'obtenir de bons résultats alors que la dictée était présumée « difficile » ?... Sur quels critères le jugement préalable ayant déterminé le choix du texte reposait-il donc ? Probablement sur la conviction que, d'une part, un assemblage de syllabes dites « simples » devait indubitablement former un mot « simple » et que, d'autre part, la présence de certains phonèmes (ou même de certaines lettres) dans un mot donnait une graphie « difficile » à mémoriser. En réalité, des suppositions, mais aucun critère sérieux ! Il est fort imprudent de décider que tel mot est « simple » et que tel autre est « difficile », en se fiant seulement aux apparences... et à son intuition. Un mot peut être jugé « simple » par un adulte et se révéler « difficile » à écrire de mémoire pour un enfant, le contraire étant aussi souvent constaté. Il est donc sage de se référer à un ouvrage scientifiquement établi, à partir de constatations faites sur des milliers de travaux d'enfants et classant les mots d'après leur fréquence d'utilisation, selon des échelons d'acquisition correspondant à des âges donnés. On découvrira, par exemple, que le mot *maison* (malgré *ai, s = z* et *on) appartient à l'échelon 1,* alors que le mot *carabine* apparaît seulement à l'échelon 13. En conclusion, si tel mot ne se trouve pas dans l'Échelle D-B, c'est qu'il n'est pas aussi simple qu'on le pense, et si tel autre y figure, c'est qu'il n'est pas aussi difficile qu'on le croit... D'ailleurs, si l'Échelle D-B n'étonnait pas, elle n'aurait aucune raison d'exister !

Lorsque l'apprentissage de la lecture a été réalisé convenablement, ne pensez-vous pas qu'un élève du CP est capable d'écrire sous la dictée des mots formés de syllabes simples ?

Si, au cours de l'apprentissage de la lecture, on a accordé à la synthèse la place qu'elle mérite, il est certain que la plupart des élèves du CP pourront écrire sous la dictée, d'abord avec l'aide du maître, puis seuls, des **mots quelconques formés de syllabes simples.** (Il s'agit là, d'ailleurs, d'un exercice de consolidation de la lecture dont l'intérêt est incontestable.) Toutefois, il serait fort imprudent de considérer que la graphie de ces mots est acquise de façon définitive. Les mêmes mots seront écrits parfois de façon erronée, par les mêmes élèves, au CE ou au CM (erreurs provoquées peut-être par le nombre croissant des mots rencontrés et la diversité des graphies). La connaissance du mécanisme de l'assemblage des syllabes revêt la plus grande importance, mais elle ne peut être considérée comme un critère orthographique suffisant. Il est indispensable qu'elle soit complétée par une étude méthodique de la graphie des mots. Pour ce travail, l'échelle D-B constitue une table de référence précieuse à tous les niveaux et particulièrement au CE et au CM.

Les échelles de fréquence ne risquent-elles pas d'exercer une action paralysante sur ceux qui les utilisent constamment ?

Toute méthode peut devenir paralysante si elle est appliquée aveuglément. En revanche, aucune méthode n'est paralysante lorsqu'on la domine et qu'on l'applique avec discernement... En outre, il ne faut pas confondre « acquisition prioritaire » avec « introduction exclusive » de certains mots à l'école élémentaire !

Quelle attitude faut-il donc adopter lorsqu'on rencontre des mots n'appartenant pas aux échelles de fréquence ?

Il faut surtout faire preuve de bon sens et tenir compte d'une constatation très simple, quoique fondamentale, mais trop souvent négligée : il y a deux façons de faire écrire un mot : on peut le faire écrire **par copie**, on peut aussi le faire écrire **de mémoire**.

Les divers travaux de français, les activités d'éveil et aussi les mathématiques apportent un certain nombre de mots qui n'appartiennent pas aux échelles de fréquence : *il ne saurait être question de refuser un seul mot dont l'apport a été motivé.* On peut toujours faire écrire un mot, quel qu'il soit (lorsqu'on est amené à l'utiliser), *par copie,* sans chercher systématiquement à le mémoriser. Bien entendu, on veillera à ce qu'il soit parfaitement orthographié. Certains élèves le mémoriseront peut-être, mais la mémorisation n'aura pas été l'objectif principal. C'est là un aspect *global* de l'enseignement de l'orthographe...

Les diverses activités scolaires fournissent également des mots appartenant aux échelles de fréquence. Comment concevez-vous l'utilisation de ces mots dans un but orthographique ?

L'enseignement de l'orthographe présente également un aspect *spécifique.* En conséquence, ces mots peuvent être repris, en vue d'être mémorisés, à l'occasion de séances spécialement consacrées à l'orthographe.

On peut imaginer que chacun cherche à construire lui-même son enseignement de l'orthographe à partir de ces mots. Toutefois, lorsqu'on passe au niveau de l'application pratique de cette louable intention, on s'aperçoit (si l'on veut donner un enseignement solide et efficace) qu'il faut consacrer un temps considérable à ce travail. On se pose alors à juste titre la question suivante : « Est-il finalement " rentable " de vouloir façonner seul, chaque soir, ses propres outils pour le lendemain ? »

On peut aussi penser, qu'à partir du moment où l'on s'est pénétré d'une méthode et qu'on est capable de la maîtriser, de l'appliquer avec souplesse, il est beaucoup plus judicieux d'utiliser un ouvrage proposant un travail déjà élaboré, qu'on adaptera à sa classe. Les mots rencontrés occasionnellement au cours de la vie scolaire viendront alors s'intégrer (comme première rencontre ou en révision) aux séquences du livre d'orthographe. C'est cette seconde solution que je propose. Elle permettra d'atteindre le même but, au moins aussi sûrement, et d'économiser un temps précieux qui pourra être consacré à la préparation d'autres activités exigeant une contribution personnelle du maître encore plus importante... Il faut être réaliste et chercher à obtenir le maximum d'efficacité, compte tenu du temps dont on peut raisonnablement disposer.

Les textes que vous avez utilisés ne sont pas des textes littéraires. Ne craignez-vous pas ainsi de contribuer à appauvrir l'enseignement du français ?

Il ne faudrait pas confondre « enseignement de l'orthographe » avec « enseignement du français ». L'enseignement de l'orthographe n'est qu'un aspect de l'enseignement du français... Appliquer une saine pédagogie dans le but de faire acquérir une bonne orthographe ne me paraît pas « appauvrir », mais — au contraire — « enrichir » l'enseignement du français.

Quant aux textes « littéraires » dont vous parlez, il n'est pas question de les exclure. Ils ont toujours leur place à l'école élémentaire. Il ne faut donc pas manquer de les introduire à l'occasion d'autres activités (reconstitution de texte, par exemple), de façon à réaliser un équilibre indispensable entre les divers aspects de l'enseignement du français... Omettre les textes littéraires serait une grave erreur ; ne travailler qu'à partir de textes littéraires en serait une autre, non moins grave...

Quels sont les critères qui vous ont conduit à choisir ces textes ?

J'ai choisi ces textes parce qu'ils contiennent un nombre considérable de mots appartenant au vocabulaire orthographique de base de l'enfant. Cela facilite, d'une part, la mémorisation de la graphie des mots et, d'autre part, l'acquisition de notions grammaticales, les exemples s'appliquant à des mots connus. En outre, ces textes offrent un éventail très large de verbes fréquemment employés, conjugués aux temps usuels et à toutes les personnes, et que l'on retrouve dans les dictées-tests. (La plupart des dictées empruntées à des textes littéraires contenaient surtout des verbes conjugués à la 3e personne du singulier et du pluriel, mais les autres personnes de conjugaison et la forme interrogative (par exemple) en étaient presque exclues. Or, l'enfant utilise souvent, pour s'exprimer, les autres personnes de conjugaison. Il est donc nécessaire qu'il les maîtrise !)

Si mon choix a été essentiellement motivé par des préoccupations d'ordre orthographique, il ne faudrait pas cependant en déduire que c'est le seul intérêt que ces textes présentent. En effet, ils sont extraits de livres faciles à lire et à comprendre, qui peuvent amener l'enfant à vouloir lire. L'aspect de cette « littérature-amorce » (qui intéresse beaucoup plus l'enfant que l'adulte, mais n'est-ce pas là l'essentiel ?) est loin d'être négligeable !

Ne pensez-vous pas qu'il serait possible de donner un enseignement de l'orthographe à partir du texte libre ?

Bien sûr... C'est d'ailleurs la première idée qui m'est venue à l'esprit... Mais cela reviendrait — ainsi que je l'ai déjà dit — à consacrer chaque soir un temps considérable à « fabriquer ses outils ». En matière d'orthographe, je ne pense pas que cela en vaille la peine, car on peut fort bien arriver à un résultat identique (et même meilleur), en utilisant adroitement un travail élaboré pour l'année, qui permet non seulement des révisions, mais encore des prévisions (par exemple, un mot dont la mémorisation est spécialement prévue à telle séquence, entrera dans la rédaction d'exercices proposés antérieurement, afin d'être déjà écrit par copie). Cet avantage ne peut exister si on utilise logiquement des textes libres, c'est-à-dire au fur et à mesure qu'ils sont produits par les élèves. De plus, on risque de travailler dans un cercle très restreint, qu'on devra finalement élargir en faisant appel à des lectures. En conclusion, je dirai qu'il est préférable de réaliser la liaison texte libre-orthographe, en s'appuyant, d'une part, sur un travail solidement construit à partir de la lecture et, d'autre part, en habituant l'enfant à se servir de son livre comme premier dictionnaire et comme mémento grammatical (afin qu'il se réfère toujours aux mêmes exemples) lorsqu'il rédige un texte.

Que pensez-vous de la circulaire du 14 juin 1977 [1] *organisant l'enseignement de l'orthographe ?*

Je l'ai accueillie avec satisfaction : d'abord parce qu'elle invite les enseignants à utiliser les données de deux éminents spécialistes dont les travaux font autorité en matière d'orthographe : M. François TERS, pour la notion de fréquence du vocabulaire orthographique de base, et M. René THIMONNIER, pour les séries analogiques de mots ; ensuite parce que je constate que mes ouvrages correspondent aux objectifs qu'elle définit.

Que pensez-vous des séries analogiques de mots ? Quelle place leur accordez-vous dans l'enseignement de l'orthographe ?

« ... le système phonético-graphique du français, en dépit de sa complexité, se prête à une relative rationalisation » (B.O.E. n° 25 du 30 juin 1977, page 1836)... A une *relative* rationalisation *seulement* !

Lorsqu'on fera établir des séries analogiques, on aura intérêt à tenir compte des constatations suivantes :

a) Au cours de l'apprentissage de la lecture, il est indispensable de faire appel à de nombreux mots contenant l'élément de lecture sur lequel on veut spécialement attirer l'attention de l'enfant : il est toujours possible de faire écrire ces mots *par copie* (mais pas toujours de mémoire, sans inconvénient).

b) Lorsque l'enfant sait lire, et qu'on lui demande de mémoriser un mot, on a intérêt à lui faire étudier la graphie *complète* du mot, plutôt que de le polariser sur certains phonèmes ou certaines syllabes contenant des difficultés *supposées.*

En outre, il conviendra de faire toujours la distinction entre les mots qui seront mémorisés et ceux qui compléteront les listes.

Bien entendu, les séries de mots seront élaborées progressivement, par les élèves eux-mêmes. Il va de soi qu'on utilisera *au départ* et *en priorité* les mots dont la fréquence d'emploi aura été contrôlée et dont la mémorisation est réalisée par ailleurs, *aux moments spécialement consacrés à l'orthographe de base.* L'enfant pourra alors élargir ses listes personnelles, en introduisant des mots *qui ne feront pas l'objet d'activités spécifiques de mémorisation,* au cours de séquences de vocabulaire, par exemple. Toutefois, le maître devra veiller à ce que le travail soit réalisé avec discernement.

Il faut absolument éviter que les enfants soient submergés par la multiplicité des séries et par un « flot » de mots dans lequel on ne distinguerait plus ceux qui appartiennent au **vocabulaire orthographique de base,** qui doit rester l'**objectif prioritaire.**

Sans une bonne connaissance de l'orthographe, il ne peut y avoir de véritable expression écrite de la pensée.

1. *Enseignement de l'orthographe dans les écoles et collèges* (CNDP).

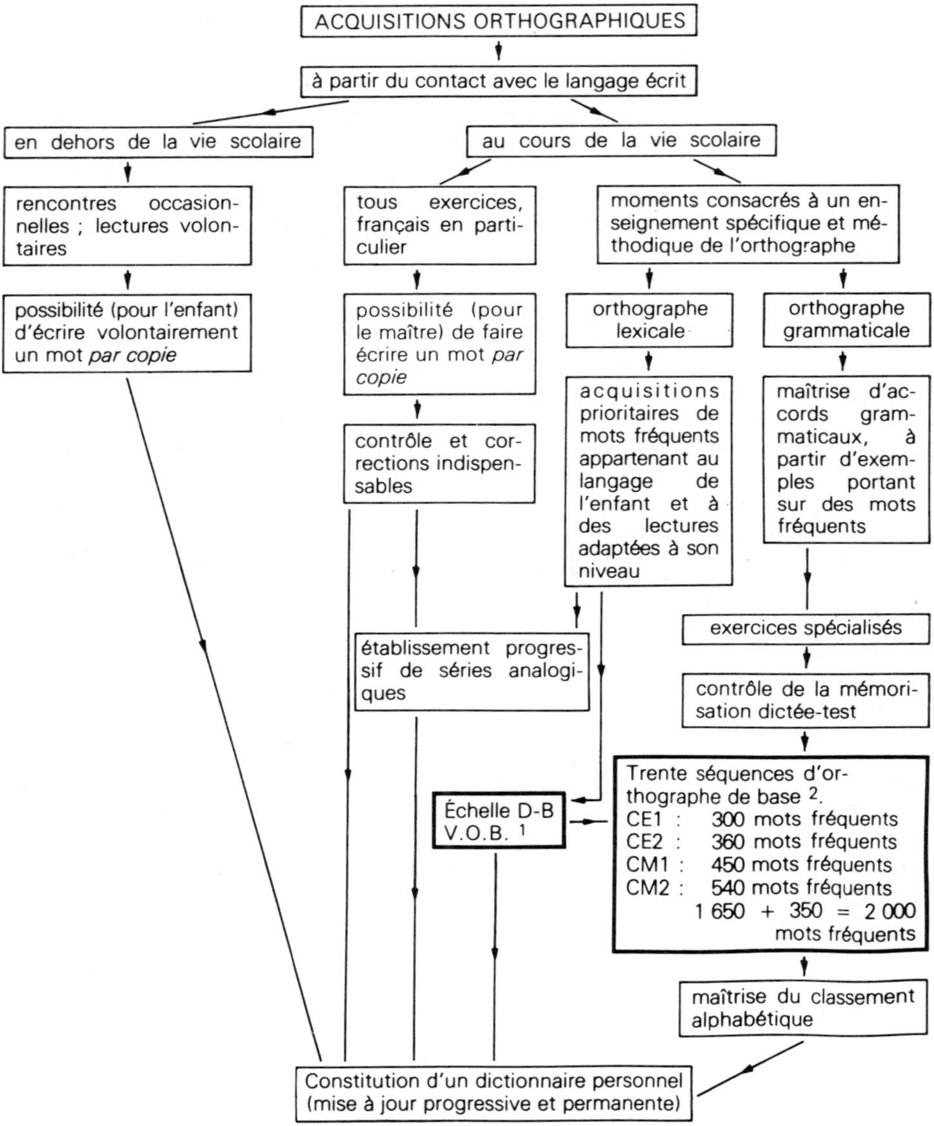

1. *Échelle D-B ; Vocabulaire orthographique de base,* F. Ters, G. Mayer et D. Reichenbach, M.D.I.
2. *Trente séquences d'orthographe de base,* P. Morand, M.D.I.

INDICATIONS PÉDAGOGIQUES

Notre pédagogie de l'orthographe s'appuie sur trois principes fondamentaux :

1. Maîtrise de la *graphie de mots fréquents* appartenant *au langage de l'enfant et à des lectures adaptées à son niveau.*
2. Maîtrise d'*accords grammaticaux,* à partir d'exemples portant sur des mots fréquents.
3. Maîtrise du *classement alphabétique* en vue de la recherche dans le dictionnaire.

*

ORGANISATION D'UNE SEMAINE D'ORTHOGRAPHE : études et révisions.

Chaque séquence du livre de l'élève correspond au travail d'une semaine.

Nous conseillons de ménager dans l'horaire de français, en liaison avec la lecture, des séances d'orthographe quotidiennes, de courte durée. Vingt minutes par jour doivent permettre de mener à bien, d'une façon efficace, les travaux que nous proposons. (Bien entendu, ce temps n'est donné qu'à titre indicatif.)

Les trois premières séances seront consacrées à des exercices spécialisés ayant en particulier pour objectif la mémorisation des « mots à retenir » et des exemples grammaticaux de la semaine.

La quatrième séance sera réservée à une dictée-test, et la cinquième à des révisions, selon l'échelle de révision ci-dessous :

(1)		(11)	7		(21)	17	8	
(2)	1	(12)	8		(22)	18	9	
(3)	2	(13)	9		(23)	19	10	1
(4)	3	(14)	10	1	(24)	20	11	2
(5)	1	(15)	11	2	(25)	21	12	3
(6)	2	(16)	12	3	(26)	22	13	4
(7)	3	(17)	13	4	(27)	23	14	5
(8)	4	(18)	14	5	(28)	24	15	6
(9)	5	(19)	15	6	(29)	25	16	7
(10)	6	(20)	16	7	(30)	26	17	8

Les numéros cerclés correspondent à la semaine d'études, les autres numéros aux semaines à réviser.

En outre, on consacrera au moins une semaine à une révision générale, en fin de trimestre.

*

EXERCICES SPÉCIALISÉS :

Au CE 1, avant d'utiliser méthodiquement le livre, on aura intérêt à familiariser l'élève avec les divers types d'exercices qui lui sont proposés.

Il est souhaitable de consacrer au moins les deux premières semaines de classe à ces travaux préliminaires.

Exercices à compléter :

Eventuellement, et en particulier au CE 1, un exercice écrit à compléter pourra être précédé d'un exercice oral, en liaison avec la lecture (contrôle de la compréhension du texte).

Initiation au classement de mots dans l'ordre alphabétique :
Au début du CE 1, on aura intérêt à faire réaliser l'exercice suivant (au tableau et sur le cahier) : 1) Ecrire l'alphabet. 2) Entourer la première lettre de chaque mot. 3) Souligner dans l'alphabet les lettres entourées. 4) Etablir la liste des mots dans l'ordre des lettres soulignées. (Pour les mots commençant par la même lettre, même exercice en ce qui concerne la seconde lettre.)

Construction d'une phrase à l'aide de mots en désordre :
Demander à l'enfant de reconstituer des groupes de mots correspondant à l'organisation de la pensée, puis de les assembler pour former une phrase. (Afin de faciliter la reconstitution de groupes grammaticaux, nous avons signalé les accords en gras.) Toute phrase ayant un sens sera acceptée, même si l'élève n'a pas utilisé tous les mots donnés.

Verbes du premier groupe (infinitif et participe passé conjugué avec avoir) :
L'enfant est amené à utiliser un certain nombre de verbes du 1er groupe. C'est pourquoi, sans viser immédiatement l'application de règles grammaticales, mais dans le but de préparer l'étude de ces règles, il nous a paru important de mémoriser, dès le début du CE 1, des exemples comme : *il a roulé* et *il va rouler*.

Ces deux formes du verbe devront être revues le plus souvent possible. En conséquence, au CE 1 et au CE 2, il est vivement conseillé d'accompagner chaque étude nouvelle de la graphie d'un verbe de « il a ... » et « il va ... ».

Voici un **exercice complémentaire,** plus spécialement destiné au groupe d'élèves éprouvant des difficultés particulières à mémoriser la graphie d'un mot : le mot – écrit préalablement sur une ardoise par le maître – est présenté au groupe. Il est lu à haute voix par un élève, épelé **de mémoire** par plusieurs, écrit rapidement par tous sous la dictée et contrôlé immédiatement par le maître (emploi possible du procédé La Martinière)... (L'ardoise permet au maître de faire disparaître facilement un mot avant de le faire épeler et de le remettre éventuellement sous les yeux d'un élève hésitant.)

Cet exercice – qui plaît aux enfants – doit être court. (S'en tenir à l'étude de trois ou quatre mots.) Il peut trouver sa place dans l'emploi du temps à un moment quelconque de la journée.

*

Dans le but de faciliter la préparation de la classe, nous proposons pour chaque cours les corrigés des exercices et trente dictées-tests correspondant aux études des trente séquences.

DICTÉES-TESTS :

Une partie du texte sera **dictée,** l'autre écrite **par copie :**

a) Normalement, on pourra dicter la partie en italique et les mots étudiés au cours des semaines précédentes.

b) Outre les noms propres, on n'hésitera pas à écrire au tableau un mot n'ayant pas encore été étudié spécialement, afin de ne pas demander aux élèves d'en « inventer » l'orthographe.

Important : Pour que chaque maître puisse rapidement prévoir un travail adapté au niveau de ses élèves, une analyse complète suit chaque dictée-test. **Se référer aux indications précédant les corrigés CE 1 et les corrigés CE 2.**

CORRIGÉ DES EXERCICES
ET
TRENTE DICTÉES-TESTS
C.E. 1

Indications concernant les dictées-tests :

La partie du texte *en italique* correspond aux études de la séquence.

Analyse du texte :

colonne E1 : mots faisant partie des 300 mots à mémoriser. Chaque mot est suivi du numéro de la séquence où il est spécialement étudié.

colonne G : difficultés grammaticales étudiées dans le livre de l'élève, suivies du numéro de la séquence d'étude et de l'exercice.

colonne S : mots supplémentaires utilisés pour la composition du texte.

(Eventuellement, la dictée d'un test proposé pourra se faire en *deux* séances.)

1 La petite locomotive rouge

② *a)* route, rouge, roule, sous, roule, sous, sous, tabouret, rouler, roule.

b) beaucoup, boucher, boue, bouquet, clou, coup, doucement, jouer, moulin, mouchoir, ouvrir, poupée, retrouver, soudain, soupe, souris, trou.

---

③ *a)* La petite locomotive rouge roule sous la table.

b) Jeannot range la petite locomotive dans sa boîte.

---

④ « En *route !* » dit Jeannot à sa petite *locomotive.* La petite *locomotive* roule *sous* la *table,* elle roule *sous* la *chaise* et *sous* le tabouret. Elle ne veut pas *rester* sur les rails. Elle veut bien *rester* (ou *rouler*) sur les rails *quand* Jeannot lui dit : « S'il te plaît, veux-tu rouler *sur* les rails ? »

---

⑥ *a)* chaise, locomotive, quand, route, sur, table.

b) rester, rouler, sous, sur.

Dictée-test

La petite *locomotive rouge roule sous la table. Elle va rouler sous les chaises. Quand* elle veut bien *rester sur les* rails, le petit garçon est heureux.

Une voiture *a roulé* (ou *roule) sur la route.*

E1	G	S
petit 2 voiture 11 garçon 13 bien 16 heureux 22	petite (3-3) il est (7-3) elle veut (11-3)	le rail

2 La petite bouilloire

2 une petite dame, une grosse dame, un homme fort, un petit garçon.

---

③ *a)* chanter, dame, homme, lait, marteau, petit, solide, travail.
b) lait, linge, loin, magasin, mouchoir.

---

④ Dans le *magasin* entre une petite *dame* qui achète une casserole pour le *lait.* La grosse *dame* achète une casserole pour les *pommes de terre.* L'*homme* fort demande un *marteau* solide pour son *travail.* Le *petit* garçon pose la *petite* bouilloire sur le *feu* et elle *chante* de mieux en mieux.

---

⑦ La vache nous donne son *lait.*
Papa enfonce un clou avec un *marteau.*
Maman fait cuire des *pommes de terre.*
Le marchand ouvre son *magasin* à neuf heures.
Avant de jouer, je fais mon *travail.*

Dictée-test

Un *petit* garçon entre dans le *magasin. Une grosse dame* achète *du lait. L'homme* fort dit : *« Je veux un marteau solide* pour mon *travail.* » Maman coupe *une pomme de terre.* L'eau va *chanter* sur le feu.

E1	G	S
sur 1 eau 4 gros 5 pour 5 maman 12 dans 13 fort 13 garçon 13 feu 14	il dit (22-4)	il (entrer) (12-3) elle achète elle (couper) (12-3)

3 Le vent malin

② *Dans la rue, il y a :* une petite fille, un petit garçon, une dame, un monsieur.

---

④ Une petite *fille* s'en va à l'école. Le *vent* emporte son *chapeau* très *haut* dans le *ciel.* Le *ballon* d'un petit *garçon* monte au-dessus des *maisons.* Le *vent* attrape le *parapluie* d'une dame et le *journal* d'un *monsieur* qui attend l'autobus. *Soudain,* le *vent* s'arrête. Alors, le chapeau, le ballon, le parapluie et le journal *redescendent.*

---

⑥ *Le vent emporte :* un chapeau, un ballon, un parapluie, un journal.

---

⑦ *a)* attendre, ballon, chapeau, haut, journal, maison, parapluie, vent.

b) malin, mère, milieu, monter, mur.

Dictée-test

Le vent malin emporte *un journal, le chapeau de la petite* fille, *le parapluie* de la dame. *Le ballon* du petit garçon *monte* très *haut* au-dessus *des maisons.*

Tu peux *attendre ta petite* sœur.

E1	G	S
dame 2 petit 2 fille 10 très 10 garçon 13 sœur 17	tu peux (2-6)	il (emporter) (12-3) au-dessus

4 De la soupe pour le dîner

③ La vieille *dame* dit : « Pour faire une bonne *soupe,* je verse une cruche d'*eau* dans la *marmite.* Quand l'eau bout, je mets *deux* os dans la *marmite,* je mets *trois* choux dans la *marmite,* je mets *quatre* carottes dans la *marmite,* je mets *cinq* pommes de terre dans la *marmite.* »

---

⑤ Un oiseau a *deux* ailes.
Le sapin est toujours *vert.*
A chaque main, nous avons *cinq* doigts.
Le chameau a *quatre* pattes.
J'ai bu un *bol* de lait.
Je compte : un, deux, *trois,* quatre, cinq.

---

⑦ *a)* Dans la marmite, l'eau bout avec deux bons os.
b) Quand la soupe est prête, la vieille dame secoue une clochette.

Dictée-test

Une dame dit : « *Je vais faire une* bonne *soupe.* » Dans *la marmite,* il y a *de l'eau,* un chou *vert, une* grosse pomme de terre, *quatre* carotte*s*.

Cinq enfant*s* mang*ent un bol de soupe.* Il y a *deux* garçon*s* et *trois* fille*s*.

E1	G	S
dame 2 pomme de terre 2 gros 5 fille 10 dans 13 garçon 13 manger 16 enfant 25 carotte 27	bonne, grosse (2-5) elle dit (22-4)	un chou il y a et

5 La vieille bouilloire

② *a)* La vieille bouilloire est bien triste dans la *haie.* Alors, la vieille bouilloire est *heureuse.*

b) Se reporter à la liste alphabétique des 300 mots. (L'exercice doit permettre de découvrir les élèves ayant eu eux-mêmes l'idée de consulter cette liste.)

---

④ Dans la *haie,* la vieille bouilloire est toute *triste.* Elle *pleure* car elle est vieille et elle a un *gros* trou. Le *lapin* s'installe dans la bouilloire *avec* le rouge-gorge, le lézard et la *souris.* Le scarabée trouve une petite *place* dans le *bec* de la bouilloire. Alors, la vieille bouilloire est *heureuse* avec tous *ses amis.*

---

⑤ lapin, lézard, rouge-gorge, scarabée, souris.

---

⑦ *a)* Les six amis sont heureux dans la haie.

b) Il y a une petite place pour toi dans le bec.

Dictée-test

Ma petite sœur dit : « J'ai une robe neuve ; il y a déjà un gros trou à ma robe. » Alors, elle est triste.

Mes amis vont revenir *pour* jouer *avec moi* sur *la place.*

L'oiseau peut faire *des trous* dans l'arbre *avec* son *gros bec.*

E1	G	S
sur 1	petite (3-3)	neuve
faire 4	elle est (7-3)	il y a
jouer 7	son (9-3)	déjà
oiseau 10	il peut (11-3)	
dans 13	elle dit (22-4)	
arbre 14	ils vont (23-4)	
sœur 17	à (9-6)	
robe 24		
revenir 28		

6 Clic, clic, clac

② ciseaux (3 fois), disent, oiseaux.

---

④ un cheval, un chien, deux oiseaux, une souris, un lapin.

---

⑤ Les ciseaux veulent du *travail.* « Nous allons *voyager* et *voir* le *monde* », disent-ils. Les ciseaux taillent l'herbe du *jardin,* le *poil* du chien, la queue du *cheval.* Pour faire leur *nid,* deux petits *oiseaux* emportent *quelques* crins du *cheval.* Quand les ciseaux rentrent à la *maison,* une *vieille* dame les pend à un *clou* bien brillant.

---

⑥ *a)* Les ciseaux trouvent que le monde est beau.
b) Une petite souris sort de son trou et emporte les poils du chien.

---

⑦ marteau, chapeau, eau, cadeau, manteau, drapeau, rideau, morceau, chameau.

Dictée-test

Mon père pend la clé *du jardin* à *un clou*. Il va *rentrer* des carottes. *Des* oiseaux font *un nid* dans *le jardin* avec *les poils du chien. Le cheval* dit *au chien : « Nous allons voyager* et *voir le monde. »*

E1	G	S
avec 5 oiseau 10 clé 11 dans 13 père 17 carotte 27	à (9-6) il dit (22-4) ils font (23-4)	il pend (20-3) et

7 Nathalie, la jolie poupée

② Bijou est un petit *chien.* Pour *jouer,* il arrache les deux *bras* de Nathalie, la jolie *poupée* de Claude. Il déchire sa *robe,* il la laisse *tomber* dans le *bassin* et il la traîne dans la *terre* du jardin. Quand elle est réparée, la *poupée* est *propre* comme un sou *neuf.* Pour dire : *« Merci »,* elle *ouvre* les deux bras.

---

④ *a)* arrache, laisse, bassin, terre, chiffon, comme, elle.

b) abeille, aller, attendre, aussi, ballon, bonnet, carotte, colline, donner, femme, feuille, fille, homme, poisson, pommier, taille, travailler, ville.

---

⑤ *a)* bras, comme, jouer, neuf, poupée, terre.

b) bassin, pauvre, petit, place, pot, propre, tomber.

---

⑥ Ma petite sœur joue avec sa *poupée* de chiffon.
Le *pauvre* chien perdu a faim.
On dit souvent : « malin *comme* un singe ».
Papa secoue le pommier pour faire *tomber* les pommes.
Maman m'a donné un mouchoir *propre.*

---

⑦ *a)* Il faut recoudre solidement les bras de la poupée.

b) L'eau du bassin efface toutes ses belles couleurs.

Dictée-test

Le petit chien va *jouer* dans *la terre* du jardin. Il prend la jolie *poupée* par *le bras,* il la fait *tomber* dans l'eau *du bassin.* On doit réparer *la pauvre poupée.* Alors, elle dit : *« Je suis propre comme* un sou *neuf.* »

E1	G	S
petit 2	jolie (3-3)	il fait
eau 4	on doit (19-5)	réparer
alors 5	il prend (20-3)	un sou
chien 6	elle dit (22-4)	
jardin 6		
joli 9		
dans 13		

8 Le lion roi des animaux

② *a)* le tigre, le singe, l'abeille.

b) aigle, âne, canard, chameau, cheval, chèvre, chien, escargot, lapin, lion, singe, souris, tigre.

---

④ Le *lion* est le roi des *animaux*. Pour son anniversaire, il reçoit beaucoup de *cadeaux*. Le *tigre* met une épée en *or* dans la patte du *lion*. Le *singe* place une flûte dans la gueule du *lion*. Une *abeille* apporte un petit *pot* de miel. C'est la *fête*. Tous les animaux sont *joyeux*. Ils chantent une *chanson*.

---

⑥ *a)* roi, cadeau, abeille, singe, devant, pot, joyeux.

b) abeille, cadeau, devant, joyeux, pot, roi, singe.

---

⑦ *a)* Une araignée donne un fil de soie au lion.

b) Un éléphant pose une couronne d'or sur la tête du roi.

Dictée-test

L'abeille a donné un petit *pot* de miel au lion. *Le tigre* a posé *un cadeau en or devant le roi. Le singe* a dansé. Il est *joyeux*. C'est *la fête. Tous les animaux* chantent *une chanson*.

E1	G	S
petit 2 danser 16 donner 22 lion 26 tigre 26	elle a (donner) (1-7) ils (chanter) (4-2) il est (7-3)	le miel il a (poser) c'est

9 L'anniversaire d'Eric

② Eric a *six* ans. C'est aujourd'hui son *anniversaire.* Il y a aujourd'hui tout juste *six ans* qu'il est né. Le facteur lui apporte *dix* cartes d'anniversaire. Eric reçoit un *livre* pour lire et un beau *ballon* pour jouer. Dans sa poche, il fait sonner *six* pièces *neuves.* Son oncle lui donne un *avion* à hélice en lui disant : « Voici ton *cadeau.* » Eric dit à tous : « *Merci* beaucoup. »

---

⑤ *Liste des cadeaux reçus par Eric :*

un avion à hélice, un beau ballon, dix jolies cartes, une bicyclette, un livre, six pièces neuves, une boîte de bonbons au chocolat.

---

⑦ *a)*

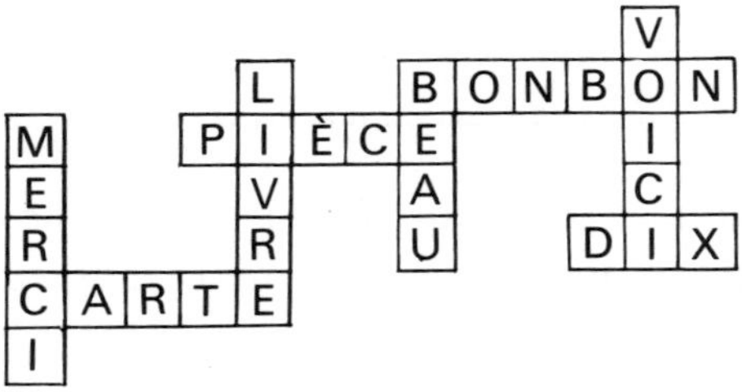

b) beau, bonbon, carte, dix, livre, merci, pièce, voici.

Dictée-test

Le petit garçon a *dix* ans. Il regarde *ses* cadeaux. *Voici un beau livre, des bonbons, du chocolat, une jolie pièce de dix* francs. Le facteur lui *a* apporté *dix cartes.* L'enfant *a* dit : *« Merci » à* ses parents et *à* sa sœur.

E1	G	S
petit 2 cadeau 8 garçon 13 sœur 17 enfant 25 parent 28	il (regarder) (1-7) dix ... (4-4)	un an un franc un facteur il a (apporter) (1-7) il a dit et

10 Caroline l'étourdie

③ Caroline *pleure* car elle a perdu sa *bague,* ses deux *poupées* noires, ses trois petits *oiseaux*, ses *quatre* pièces neuves, ses cinq *souris* blanches et ses *six* lapins *noirs.* La *marraine* de Caroline est une fée. Caroline fait *sept* souhaits et *retrouve* ce qu'elle a perdu. Maintenant, elle est une petite *fille* très *raisonnable.*

---

④ Ba*gue*, Sep*t*, Oi*s*ea*u*, F*ill*e, Ple*ur*e*r*, Re*t*ro*uv*er.

---

⑤ *a)* Les trois petits oiseaux s'envolent par la fenêtre ouverte.

b) Pour mon dernier souhait, je voudrais devenir une petite fille soigneuse.

---

⑥ Dans une semaine, il y a *sept* jours.
J'ai perdu un livre, je voudrais bien le *retrouver.*
Un *oiseau* a deux pattes, deux ailes et un bec.
Nous avons la même taille : je suis *aussi* grand que toi.
La *fée* a une baguette magique.

---

⑦ La bague tombe dans un trou.
Les six lapins noirs sautent dans le jardin.
Les deux poupées noires se sauvent en Afrique.
Les trois petits oiseaux s'envolent dans un arbre.

Dictée-test

La fée ne veut plus voir *pleurer* la petite *fille.*

La petite *fille* va *devenir très* sage. Elle va *retrouver* ses deux poupées noir*es*, les trois petits *oiseaux* et aussi les *sept* souris blan*ches*.
Les *six* lapins sont noir*s*.

E1		G	S
petit 2	noir 14	petite (3-3)	et
deux 4	souris 18	ses (9-3)	
trois 4	sage 23	elle veut (11-3)	
voir 6	blanc 24	ils sont (23-4)	
poupée 7	lapin 27	ne plus (28-4)	

11 La petite clé

② Paul a trouvé une petite *clé* sur le *chemin* de l'école. Papa n'a pas perdu la *clé* de sa *voiture.* Le facteur n'a pas perdu la *clé* de la boîte à *lettres.* La petite clé est *drôle.* Elle est trop petite pour *ouvrir* ou pour *fermer* quelque chose. Avec la petite *clé,* grand-mère peut *remonter* sa *montre.*

---

④ *a)* sur, car, fermer, porte, ouvrir, sort.

b) alors, arbre, armoire, barque, bord, canard, carte, chercher, cirque, corde, dehors, dormir, écharpe, escargot...

---

⑤ *a)* Grand-mère sort de son sac une très vieille petite montre.

b) La petite clé ne peut pas fermer la porte de la maison.

Dictée-test

Paul a trouvé une petite *clé* sur *le chemin de l'école.*

La petite *clé* est *drôle.* Grand-mère *veut* la petite *clé.* Elle la met dans son *sac* avec *sa montre* en or.

Avec *une clé, on peut ouvrir* ou *fermer* une boîte *à* lettre*s* ou *la porte d'une voiture.*

E1	G	S
sur 1	petite (3-3)	il a (trouver) (1-7)
petit 2	elle est (7-3)	elle met
avec 5	son (9-3)	la boîte
or 8	à (9-6)	une lettre
dans 13		
grand-mère 23		

12 La pendule

② Papa, maman, Hervé, le chien, le chat, la lune.

---

④ C'est papa qui se lève le *premier* après avoir regardé la *pendule.* Ensuite, maman prépare le *café.* Grâce à la *pendule,* Hervé sait qu'il est l'*heure* d'aller à l'*école* et le petit *chien* sait qu'il est l'*heure* de dîner. Le chat attend l'*heure* de *dormir.* « C'est l'*heure* de m'éclairer », dit la *pendule* à la *lune.* La pendule travaille sans arrêt, le *jour* et la *nuit.*

---

⑤ *a)* L'oiseau chante et le chien va se promener.

b) Dans son bocal, le poisson attend l'heure de nager.

---

⑥ Le soleil nous éclaire : il fait *jour.*
Quand on ne voit pas la lune, la *nuit* est noire.
L'année commence le *premier* janvier.
Maman a donné un gâteau à *chacun* de ses trois enfants.
Le tableau est fixé au *mur* de la classe.

---

⑦ *a)* lune, jour, café, nuit, heure, premier.

b) café, heure, jour, lune, nuit, premier.

Dictée-test

Chacun regarde *la pendule* sur *le mur. Tu* demande*s l'heure* et *tu* prépare*s le café.*

Quand on ne voit pas *la lune, la nuit* est noire.

Le *premier* janvier est le *premier jour* de l'année.

Maman a un joli sac noir.

E1	G	S
quand 1	il, elle est (7-3)	demander
sur 1	noire (10-2)	et
joli 9	ne pas (25-5)	préparer
sac 11	a (9-6)	on voit (19-5)
noir 14		janvier
regarder 18		l'année

13 Oubangui

② *a)* Oubangui, grande, dans, mange, dans, dans, Oubangui, doucement.

b) attendre, blanc, branche, chanson, chanter, comment, danser, ensemble, enfant, lentement, maman, manger, manteau, marchand, parent, pendule...

---

③ Un petit *garçon* noir vit dans un *pays* très chaud. Il aime une *grande* et belle *rivière* qui s'appelle Oubangui. S'il a *faim,* il mange un *poisson* de la rivière. Sil a *soif,* il boit l'*eau* claire et *fraîche* de la cascade. Le petit garçon *noir* plonge dans les *vagues* avec courage. Il est très *fort.* Quand il est fatigué, il monte dans un *bateau* et la *rivière* le berce tout doucement.

---

⑤ *a)* Les vagues de la rivière sont hautes et fortes.
b) Le long de la rivière, un petit enfant noir se promène.

---

⑥ En automne, les hirondelles s'en vont dans un pays *chaud.*
Le pêcheur a pris un gros *poisson.*
Parfois, la *rivière* déborde en hiver.
Quand il a *faim,* le renard s'approche de la ferme.
La maman berce son bébé tout *doucement.*

---

⑦ a,f,i,m. f,i,o,s. f,o,r,t. a,p,s,y. a,c,d,h,u. a,d,n,s.

Dictée-test

Dans *un pays* très *chaud,* un petit *garçon* noir a *faim* et il a *soif.* Il mange *un poisson* et il boit l'eau claire qui coule *doucement.* Il dit à *la rivière* : « *Tu es* grande, *tu es* belle. » Le petit *garçon* noir est très *fort.*

E1	G	S
petit 2	grande (3-3)	et
eau 4	il est (7-3)	il boit (19-5)
très 10	il (manger) (12-3)	claire (10-2)
noir 14	il dit (22-4)	il (couler) (12-3)
manger 16	a (9-6)	belle
grand 22		

14 Wanda, la gentille sorcière

② Wanda est une *gentille* sorcière. Elle a un *chat* noir. Tous les deux, ils ont fabriqué une *fusée.* Leur fusée peut aller *plus* vite qu'un *avion.* Wanda a sauvé un petit garçon *noir* poursuivi par un *crocodile,* un deuxième petit *garçon* au milieu des *arbres* d'une forêt en *feu* et un troisième *petit* garçon perdu dans la *montagne*.

---

④ *a)* peut, milieu, feu.

b) bleu, deux, deuxième, feuille, heure, heureux, jeune, joyeux, pleurer, vieux.

---

⑤ *a)* arbre, chat, feu, milieu, noir, plus, vite.

b) oui, parent, petit, plus, pouvoir, premier, quatre.

---

⑥ Un petit garçon noir nage dans une rivière.
Un très grand crocodile poursuit le petit garçon noir.
Un petit garçon blond est perdu au flanc de la montagne.
Un petit Indien est pris au milieu des arbres en feu.

---

⑦ *a)* La fusée vole beaucoup plus vite qu'un avion.

b) Elle frappe deux fois la boîte avec sa baguette magique.

Dictée-test

Les voitures *ont* roulé très *vite. L'avion* peut *aller* beaucoup *plus vite* que la locomotive.

Dans *la montagne,* il y a *des arbres en feu au milieu* de la forêt.

A la fête des animaux, *des chats noirs ont* dansé devant le roi.

E1	G	S
locomotive 1	il peut (11-3)	il y a
rouler 1		une forêt
devant 8		des (animal) (8-3)
fête 8		
roi 8		
très 10		
voiture 11		
dans 13		
danser 16		
beaucoup 26		

15 La grande montagne

② *a)* Max prend un gros bâton et se met en route.
b) Max dit : « J'ai chaud et je suis fatigué. »

---

③ Max a choisi un *beau* jour pour escalader la *grande* montagne. Le *ciel* est bleu. En route, Max enlève son *bonnet,* son *manteau* de laine, ses gants et son *écharpe.* Au sommet de la *montagne,* il fait un *drapeau* en attachant son *mouchoir* à un gros *bâton.* Quand il descend de la *montagne,* il est content de *retrouver* ses affaires car il a *froid.*

---

⑤ *a)* drapeau, écharpe, ciel, bonnet, laine, mouchoir.
b) bonnet, ciel, drapeau, écharpe, laine, mouchoir.

---

⑥ *a)* laine, faire, affaires.
b) aigle, aimer, chaise, faire, jamais, lait, maison.

---

⑦ Il n'y a pas un nuage dans le *ciel.*
Le drapeau français est *bleu,* blanc, rouge.
Grand-mère met un *bonnet* de laine sur sa tête.
Ma sœur brode un joli *mouchoir.*
La mare est gelée : il fait très *froid.*

Dictée-test

Le ciel est *bleu.* Tout en haut de la montagne, il fait très *froid.* *Tu* emporter*as un manteau de laine, un bonnet* et *une écharpe. Je* marcher*ai* lentement. *Tu* marcher*as* devant moi.
On peut faire *un drapeau* avec *un bâton* et *un mouchoir.*

E1	**G**	**S**
haut 3	il est (7-3)	tout
faire 4	on peut (11-3)	il fait
avec 5		emporter
moi 5		et
devant 8		
très 10		
montagne 14		
lentement 22		
marcher 30		

16 Jumbo, le bébé éléphant

② *b)* dimanche, jeudi, lundi, mardi, mercredi, samedi, vendredi.

---

③ *a)* trompe, montrer, leçons, allons.

b) avion, ballon, bâton, bonbon, chanson, conduire, garçon, lion, long, maison, monde, montagne, montrer, montre, oncle, poisson, rond, tomber.

---

④ Jumbo est un *bébé* éléphant *très* intelligent. Pour *montrer* qu'il écoute *bien* les leçons de sa *maman,* il incline la *tête,* il baisse sa *trompe* et remue ses *oreilles.* Maintenant, il sait comment *manger, comment* se reposer, *comment* se laver, comment *travailler, comment* appeler au secours.

---

⑤ *a)* Vendredi matin, il écoute bien la leçon numéro 6.

b) Toutes les leçons sont bien faciles pour moi.

---

⑦ *a)*

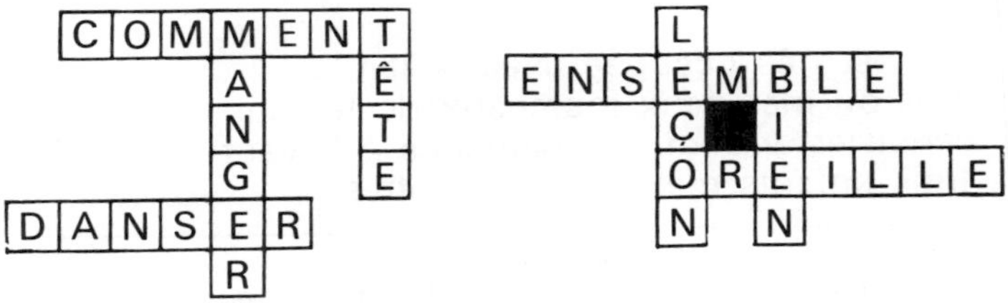

b) bien, comment, danser, ensemble, leçon, manger, oreille, tête.

Dictée-test

Pour savoir *comment* il doit *travailler* et *comment* il doit *manger, le bébé* éléphant écoute *bien les leçons* de sa maman. Il remue *les oreilles* et incline *la tête.* Sa maman dit : « *Nous sommes* joyeux et *nous allons danser ensemble* sous les grands arbres. »

E1	G	S
sous 1 pour 5 joyeux 8 maman 12 arbre 14 grand 22	il doit (19-5) elle dit (22-4) ses (9-3)	savoir et un éléphant il (écouter, remuer, incliner) (12-3)

17 La luge

② Pour *fabriquer* une luge *rapide*, trois *enfants* demandent du *bois* à leur *père* qui travaille dans le hangar de la *ferme*. Le menuisier coupe les *côtés* des *planches*. Avant de visser les patins de *fer*, le forgeron fait des *trous*. Pierre, son *frère* et sa petite *sœur* glissent *vite*.

---

④ Le pêcheur voudrait bien *prendre* un poisson.
Nous sommes trois enfants : mon grand *frère*, ma petite *sœur* et moi.
Je vais *fabriquer* un avion en carton.
Le menuisier travaille le *bois*.
Le canard fait partie des animaux de la *ferme*.

---

⑤ *a)* bois, côté, demain, eau, fabriquer, ferme, forgeron, frère, garçon.

b) oncle, père, planche, prendre, quand, retrouver, sœur, tigre.

---

⑥ Maman est très occupée avec le lait.
Le forgeron met deux morceaux de fer dans le feu.
Le menuisier arrondit les planches à l'avant.
Les trois enfants mettent leurs bottes.

---

⑦ *a)* Pierre paye le forgeron avec l'argent de sa tirelire.
b) Ils tirent la luge tout en haut du pré en pente.

Dictée-test

Le grand *frère* dit à sa petite *sœur* : « *Nous allons fabriquer* une luge *rapide.* » Les enfants demandent *du bois* à *leur père :* « *Pouvons-nous prendre des planches* à *la ferme* ? »

On coupe *les côtés des planches* et *le forgeron* fait des trous.

E1	G	S
petit 2 trou 5 aller 14 grand 22 enfant 25	petite (3-3) à (9-6) il dit (22-4)	la luge ils (demander) (4-2) on (couper) (12-3) et il fait

18 La souris et la lune

② La souris réveille les canards, le cheval, le chien, le fermier, le roi et ses soldats.

---

③ C a n a r d, L e v e r, M a r e, R i r e, S o l d a t, S o u d a i n, S o u r i s.

---

④ Pour sortir la *lune* de l'eau, les *soldats* du *roi* galopent vers la *mare* avec des filets, des *cordes,* des crochets et des *chaînes.* Quand le *roi,* les soldats, le fermier, le *chien,* le *cheval,* les *canards* et la *souris* lèvent la *tête,* ils voient la lune *ronde* qui brille dans le *ciel.* Tout le *monde* se met à *rire.*

---

⑥ Je grimpe à la *corde.*
Le *canard* plonge dans la *mare.*
Parfois, le *soldat* doit monter la garde.
La *souris* a peur du chat.
Soudain, le vent se lève.

---

⑦ *a)* La lune brille dans le ciel au milieu des étoiles.
b) Une souris voit la lune ronde qui nage dans la mare.

Dictée-test

La nuit, on peut *croire* que la lune *est tombée* dans *la mare.*
Soudain, un soldat est arrivé avec *une corde.*
Le canard va *lever* la tête, il va *regarder* le ciel et il va *rire.*
La souris va bien *rire* aussi.

E1	G	S
avec 5	il va ... (1-7)	il est (arriver)
aussi 10	on peut (11-3)	
lune 12		
nuit 12		
dans 13		
ciel 15		
bien 16		
tête 16		

19 Les trois chèvres rusées

③ Trois *chèvres* font *tomber* dans l'*eau* un fermier, son *fils* et sa *fille* pour qu'ils nagent jusqu'à une *île.* Pour *retrouver* son *mari* et ses *enfants,* la *femme* du fermier doit *conduire* en *barque,* dans l'*île,* les *trois* chèvres rusées qui vont pouvoir brouter l'*herbe* verte.

---

④ *a)* Trois chèvres rusées habitent au bord de la rivière.

b) Le petit pêcheur va attraper des poissons dans la rivière.

---

⑥ Le jardinier enlève l'*herbe* des allées.
Une terre entourée d'eau est une *île.*
Le loup a mangé la *chèvre* de M. Seguin.
La reine est la *femme* du roi.
Le *fils* de mon oncle est mon cousin.

---

⑦ a,i,m,r. f,i,l,s. a,b,e,q,r,u. i,l,n,o. a,e,g,n,r. c,d,e,i,n,o,r,u.

Dictée-test

La fille du fermier est tombée dans l'eau. Elle dit : *« Je dois nager loin* pour aller dans *l'île. » La femme* du fermier veut retrouver *son mari, son fils* et sa fille. *Elle doit conduire* trois *chèvres en barque* dans *l'île* où il y a de *l'herbe* verte.

E1	G	S
eau 4	verte (3-3)	elle est (tomber) (18-5)
trois 4	elle veut (11-3)	et
vert 4	elle dit (22-4)	où
pour 5		il y a
fille 10		
retrouver 10		
dans 13		
aller 14		
fermier 29		

20 Le héros

② Quand Tache, notre *chien* voit le *tapis* et les *rideaux* de la cuisine en *feu,* il saute sur le *bord* de la *fenêtre* et aboie très *fort.* Dans la *rue,* un *garçon* boucher l'entend. Il regarde derrière la *maison,* il aperçoit des *flammes* et *vite,* il téléphone aux pompiers.

---

⑤ L'oiseau s'envole par la *fenêtre* ouverte.
Le *départ* de la course sera donné dans une heure.
Maman fait de la bonne *cuisine.*
Le *boucher* vend de la viande.
Un *tapis* de laine couvre le sol de ma chambre.

---

⑥ *a)* seul, après, départ, boucher, tapis, cuisine.
b) après, boucher, cuisine, départ, tapis, seul.

---

⑦ *a)* Le balayeur passe dans la rue avec sa petite voiture.
b) Le laveur de carreaux avec son échelle continue son chemin.

Dictée-test

Notre chien garde la maison tout *seul.* Soudain, *après notre départ,* il voit *le tapis* et *un rideau* en feu. Il saute sur *le bord de la fenêtre de la cuisine.* Un garçon *boucher* passe dans *la rue. Il* entend le chien qui aboie très fort.

E1		G	S
sur 1	fort 13	il (sauter) (12-3)	il (garder),
maison 3	garçon 13	il (voir) (19-5)	(passer) (12-3)
chien 6	feu 18		il aboie
voir 6	soudain 18		
très 10	sauter 23		
dans 13			

21 Le trésor

② *a)* rouge, vert, noir, bleu, jaune, gris, blanc.
b) blanc, bleu, gris, jaune, noir, rouge, vert.

---

③ Deux enfants jouent souvent dans le *grenier* chez leur *oncle.* Un jour, sur une *feuille* de papier jaunie, ils découvrent la *piste* à suivre pour trouver un *trésor.* Ils lisent : « Servez-vous de vos *oreilles,* de vos *yeux,* de vos *mains,* de vos *pieds,* de votre *tête.* » Olivier ouvre une petite *porte* et une *pluie* de pièces d'*or* tombe.

---

⑤ *a)* La vieille maison se trouve au bord de la mer.
b) Si vous suivez la piste, vous saurez ce qu'il faut faire.

---

⑥ Le frère de papa est mon *oncle.*
Au cirque, le singe fait un tour de *piste* sur le dos du chien.
Le *navire* entre au port.
Le vent détache la *feuille* morte de la branche.
Sous le toit de la vieille maison, il y a un *grenier.*

Dictée-test

Souvent, deux enfants vont jouer chez leur *oncle.*

Un jour, ils ont trouvé *une feuille* de papier toute *jaune, au pied* d'un vieux mur.

Tu vas suivre la piste et *tu trouveras un trésor* dans *le grenier.*

Il est caché dans les restes d'*un navire.*

E1	G	S
deux 4	ils vont (23-4)	chez
jouer 7		ils ont (trouver) (14-3)
jour 12		le papier
mur 12		et
dans 13		il est (cacher) (18-5)
enfant 25		un reste
vieux 29		

22 Je veux me battre

② Un *jeune* lion dit : « Je *veux* me battre. » « Je *veux* donner des *coups* de *bec* », dit un jeune aigle. Un *grand* hippopotame *gris* sort de l'*eau* et se roule *lentement* dans la *boue.* « Il faut du *calme* pour être *heureux* », dit-il. L'*éléphant* dit : « Il a peut-être bien *raison.* »

---

③ *a)* Tous les animaux se mettent à rire, sauf l'éléphant.
b) L'éléphant écarte une mouche du nez de l'hippopotame.

---

⑥ *a)* jeune, calme, aigle, heureux, lentement, grand.
b) aigle, calme, grand, heureux, jeune, lentement.

---

⑦ Bébé sourit à sa maman ; il est *heureux.*
Le train roule *lentement* quand il arrive en gare.
D'un *coup* de pied, j'envoie le ballon très loin.
Il n'y a pas de vent ; la mer est *calme.*
L'*aigle* est un grand oiseau très fort.

Dictée-test

Un jeune aigle dit : « Je veux *donner un grand coup* de bec. »
Je regarde un gros animal tout *gris* qui se roule *lentement* dans *la boue* au bord de la rivière. *Je dis* : « Il est *calme,* il est *heureux.* Il a bien raison. »

E1	G	S
rouler (se) 1 bec 5 gros 5 dans 13 rivière 13 bien 16 regarder 18 bord 20	je veux (2-6) je, il (regarder, se rouler) (12-3) il est (7-3) il a (5-6)	raison

23 Les trois chats noirs de grand-mère

② Un jour, *grand-mère* se cache dans l'*armoire* à balais. Elle voit ses *trois* chats *noirs* qui grimpent sur la *plus* haute branche du *pommier* et qui sautent dans la *maison* par la *fenêtre*. Ils descendent l'*escalier*. Quand ils disent : « Pour notre *dîner*, nous allons *manger* du *poisson* », grand-mère leur crie : *« Dehors ! »*

---

③ *a)* Les trois chats noirs s'allongent au soleil sur la pelouse.

b) Comme il fait très beau, elle est contente de sa journée.

---

5 Un oiseau chante sur la plus haute *branche* du pommier.
Maman place le linge dans l'*armoire*.
Le temps est beau ; vous serez mieux *dehors* qu'à la maison.
Grand-mère monte lentement l'*escalier*.
En montagne, on respire un *air* pur.

---

⑥ Au parc, grand-mère écoute la musique.
Au bord de la mer, grand-mère s'assoit sur une chaise longue.
Chez son amie, grand-mère mange des gâteaux.
Au marché, grand-mère achète des oranges.

---

⑦ *a)*

		B	R	A	N	C	H	E
				I				
D	E	H	O	R	S			
					A			
					G			
P	O	M	M	I	E	R		

S								
A	R	M	O	I	R	E		
U								
T								
E	S	C	A	L	I	E	R	
R								

b) air, armoire, branche, dehors, escalier, pommier, sage, sauter.

Dictée-test

Les trois chats noirs ne *sont* pas *sages*. *Ils vont sauter* sur la grosse *branche du pommier* pour entrer dans la maison. *Grand-mère* a *l'air* de ne rien voir. Elle se cache dans *une armoire*. Quand les chats *vont* descendre *l'escalier*, elle va *crier : « Dehors ! »*

E1		G	S
quand 1	pour 5	elle va (1-7)	entrer
sur 1	voir 6	grosse (2-5)	rien
maison 3	dans 13	elle a (5-6)	elle (se cacher)
trois 4	chat 14	noirs (10-2)	
gros 5	noir 14		descendre

24 Le miroir magique de Véronique

② *a)* autour, bouquet, couleur, étoile, long, main, ruban, taille.
b) aussi, bague, beau, bien, blanc, bois, branche, chocolat.

---

④ Grâce à son miroir *magique,* Véronique la gitane a une *belle* jupe *rouge* et des rubans de toutes les *couleurs* autour de la *taille.* La mariée a une *longue* robe *blanche* et un *long* voile *blanc.* Elle tient un *bouquet* à la main. La sorcière a un *grand* manteau *noir* et un haut *chapeau* pointu.

---

⑥ *a)* Véronique a une malle pleine de vieux habits pour se déguiser.
b) La princesse a de longs cheveux noirs et une perle au front.

---

⑦ Tu es plus grand que moi, nous n'avons pas la même *taille.*
La fée a une baguette *magique.*
Maman coupe des fleurs pour faire un *bouquet.*
La terre tourne *autour* du soleil.
J'ai un manteau bleu, je cherche une écharpe de la même *couleur.*

Dictée-test

La petite fille est devant un miroir *magique. Elle a des rubans de toutes les couleurs autour de la taille* et *un bouquet blanc* à *la main.* Elle a aussi un *long* voile et *une longue robe.* Elle aime *les longues robes* et les fleurs *blanches.*

E1	G	S
petit 2	petite (3-3)	le miroir
devant 8	elle a (5-6)	et
aussi 10	elle est (7-3)	une fleur
fille 10	à (9-6)	
voile 25	elle (aimer) (12-3)	
aimer 30		

25 Monsieur le Temps

② *a)* Mots contenant le son *in* :
1) moulin, linge.
2) magasin, malin, jardin, bassin, singe, chemin, lapin.

b) Mots contenant le même son écrit *un, ain* ou *aim :*
chacun, faim, soudain, main, demain.

---

④ Le *soleil* fait mûrir le *blé* du fermier. Le *vent* sèche le *linge,* il fait *tourner* les ailes du *moulin* et il pousse les *voiles* du bateau. Les *canards* aiment la pluie. Les enfants *font* de la *luge* et du ski sur la *neige* en *montagne.*

---

⑥ *a)* On ne peut pas faire plaisir à tout le monde.
b) Le facteur va être très en retard pour distribuer les lettres.

Dictée-test

Le vent fait *tourner les ailes du moulin.* Il pousse *les voiles* du bateau. Il sèche *le linge.* Les canards disent : *« Nous aimons la pluie, nous n'aimons pas la neige. »* Aujourd'hui, *le soleil* est chaud. *Le blé* va mûrir. *Les enfants* vont acheter beaucoup *de* glaces.

E1	G	S
vent 3	il va (1-7)	il fait
chaud 13	il est (7-3)	il (pousser) (12-3)
canard 18	ils vont (23-4)	le bateau
acheter 26		il sèche
beaucoup 26		ils disent
aimer 30		aujourd'hui

26 Si j'avais beaucoup d'argent

② S'il avait *beaucoup* d'argent, le petit *garçon* irait trouver le *directeur* du cirque et le *gardien* du zoo pour *acheter* des animaux. Il irait *encore* trouver le *marchand* dans sa *boutique.* Il rendrait la liberté au *tigre* qui tourne en rond, au *lion* qui grogne et aux *oiseaux* qui sautillent de *haut* en bas dans leurs *cages.*

---

③ *a)* Je veux acheter votre éléphant qui transporte des bûches vers la rivière.

b) On irait en Asie voir l'éléphant, le tigre et les buffles.

---

⑤ B*e*a*ucoup,* Ca*ge,* D*irecteur,* Ga*r*d*ie*n*,* Li*on,* Ma*r*cha*n*d, Rond.

---

⑦ Je m'arrête souvent devant la boutique du *marchand* de jouets.
Au *cirque,* nous avons vu des lions et des tigres.
Le chien de berger est un bon *gardien.*
Mon père parle au *directeur* de l'école.
La cliente choisit des fruits avant de les *acheter.*

Dictée-test

Un petit garçon veut rendre la liberté *au tigre* qui tourne en *rond* dans sa *cage, au lion* et *aux* oiseaux. Il va trouver *le directeur du cirque, un gardien* et *un marchand. Il* n'*a* pas *beaucoup d'argent.* Il ne peut pas *acheter* les animaux.

E1	G	S
petit 2	il va (1-7)	rendre
oiseau 10	il veut (11-3)	la liberté
dans 13	elle (tourner) (12-3)	trouver
garçon 13	n' ... pas (25-5)	l'argent
tourner 25		les (animal) (8-3)
		et

27 Le zoo de Marc

② Marc donne des petits *morceaux* de *viande* à ses têtards. Il attrape un *lapin* et lui *donne* de la *salade* et des *carottes.* A présent, il a *huit* sortes de *bêtes* chez lui. Plus *tard,* Marc remet le lapin sur la *colline,* les *escargots* dans le jardin et les têtards dans la *mare.*

---

④ *b)* cinq, deux, dix, huit, neuf, quatre, sept, six, trois, un.

---

⑤ On achète de la *viande* chez le boucher.
Je donne un *morceau* de sucre à mon chien.
La partie sud de la *colline* est couverte de vigne.
Le train est parti, vous arrivez trop *tard.*
Les enfants chantent : « *Escargot,* montre-moi tes cornes. »

---

⑥ *a)* Marc donne du pain et du lait à son hérisson.

b) Il remet les têtards dans la mare et les escargots dans le jardin.

---

⑦ a,d,r,t. h,i,t,u. a,c,e,g,o,r,s,t. a,d,e,i,n,v. a,c,e,m,o,r,u. a,i,l,n,p.

Dictée-test

Pour jouer, un enfant dit : *« Vous êtes* à la ménagerie. Voici *huit bêtes. »* Il donne *un morceau de viande* à son chien, *de la salade* verte aux *escargots,* deux *carottes* rouges à un petit *lapin.* Plus *tard, le lapin* retrouvera sa mère sur *la colline.*

E1		G	S
rouge 1	jouer 7	verte (3-3)	une ménagerie
sur 1	voici 9	son (9-3)	
petit 2	retrouver 10	à (9-6)	
deux 4	plus 14	rouges (10-2)	
vert 4	donner 22	il (retrouver, donner) (12-3)	
pour 5	enfant 25	il dit (22-4)	
chien 6	mère 30	aux (26-4)	

28 Les quatre jeunes cygnes

② Février est le *deuxième* mois de l'année, mars est le *troisième,* avril est le *quatrième.* En forêt, le bois *mort* craque sous nos pas. Sur le toit, il y a de la mousse au *nord.* Le docteur doit *revenir* demain. En automne, les hirondelles s'en vont vers le *sud.*

---

③ *Quatre* jeunes cygnes quittent leurs *parents* pour ne plus *jamais* revenir. Le *premier* s'envole *vers* l'est, le *deuxième* s'envole *vers* l'ouest, le *troisième* s'envole *vers* le sud. Le *quatrième* s'envole *vers* le *nord ;* un *jour,* des *gens* le trouvent presque *mort* sur la *côte.* Il est *sauvé* par un *gardien* d'oiseaux.

---

⑤ *a)* Ses pattes collent au sable et il ne peut plus nager.
b) La mère retrouve le plus jeune dans la cage du gardien.

---

⑥ *a)* parent, nord, mort, côte, jamais, revenir.
b) côte, jamais, mort, nord, parent, revenir.

Dictée-test

Quatre jeunes oiseaux quittent leurs *parents* pour *ne plus jamais revenir.* Le premier trouve un beau lac, le *deuxième* rencontre des amis. Le *troisième* s'envole vers *le sud.* Le *quatrième* s'envole vers *le nord.* On le trouve presque *mort* sur *la côte.* Il *ne* peut *plus* voler.

E1	G	S
sur 1	jeunes (24-3)	ils (quitter) (4-2)
quatre 4	oiseaux (6-7)	leurs
ami 5	il peut (11-3)	il, on (trouver) (12-3)
pour 5		le lac
beau 9		il (rencontrer, s'envoler) (12-3)
oiseau 10		vers
premier 12		voler
jeune 22		

29 L'histoire de Borriquito

② *L'âne* conduit *chaque* jour Pédro au *marché,* au *champ* ou à la *vigne.* Les deux *amis* vont encore *chercher* de l'eau à la *source* ou du *bois* dans la forêt. Quand le *fermier* dit : « Pédro est trop *lent,* il est *vieux,* il doit *partir* », ils s'en vont très *loin* dans la *montagne* pour *vivre* libres.

---

⑤ *a)* Je connais bien notre travail mais Pédro oublie tout.

b) Dans la montagne, nous ferons tout doucement ce que nous voudrons.

---

⑥ L'eau de la *source* est très claire.
La *vigne* donne des raisins.
Chaque semaine, le fermier va au marché.
Avant de semer le blé, il faut labourer le *champ.*
Le plus gros chêne de la forêt est très *vieux.*

---

⑦ *a)* source, fermier, marché, vieux, chaque, chercher.

b) chaque, chercher, fermier, marché, source, vieux.

Dictée-test

Chaque jour *l'âne* conduit son *vieux* maître au *marché,* au *champ du fermier* ou à *la vigne.* L'homme demande à la bête : « *Est-ce que je dois* aller *chercher* de l'eau à *la source* aujourd'hui ? » Plus tard, les deux amis vont *vivre* dans la montagne.

E1		G	S
homme 2	aller 14	son (9-3)	le maître
deux 4	montagne 14	au (26-4)	il (demander) (12-3)
eau 4	plus 14	il (conduire) (22-4)	aujourd'hui
ami 5	conduire 19	ils vont (23-4)	
jour 12	bête 27	à (9-6)	
dans 13	tard 27		

30 Zarifa, le jeune chameau

③ *a)* Il mange des fleurs sauvages et il boit de l'eau claire.

b) Si tu es assez grand pour quitter ta mère, tu peux travailler.

---

④ Le jeune *chameau* n'*aime* pas *marcher* dans le sable au *soleil* ni *dormir* sur le *sol* dur. Il a très *mauvais* caractère. Un *matin,* il quitte sa *mère.* Il marche dans le désert *chaud* et *sec.* Un *jour,* quand il entre dans une *ville,* un agent l'attache. Alors, il dit : « *Demain,* j'irai *retrouver* ma mère. »

---

⑥ Paris est la plus grande *ville* de France.
Tu aimes ton père et ta *mère.*
Le *chameau* n'a pas besoin de beaucoup d'eau.
Je marche sur une plage de *sable* fin.
Je me couche tôt car *demain* matin je dois me lever de bonne heure.

---

⑦ *a)*

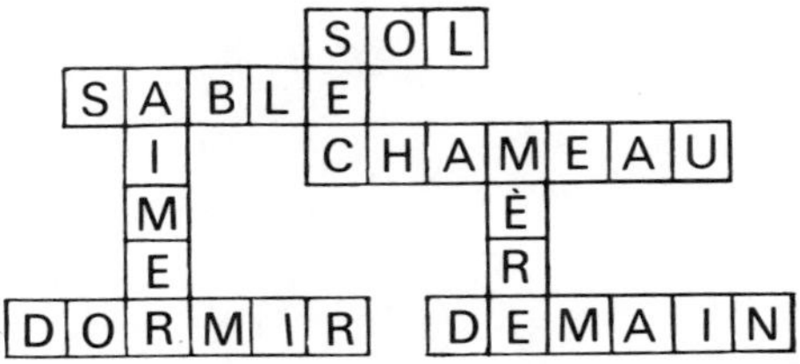

b) aimer, chameau, demain, dormir, mère, sable, sec, sol.

Dictée-test

Le jeune *chameau* n'*aime* pas *marcher* au soleil dans *le sable* chaud et *sec.* Il ne veut pas *dormir* sur *le sol* dur. Un matin, très tôt, alors que *tout le monde dort,* il quitte *sa mère.* Il dit : *« Je marcherai* tout le jour pour arriver *demain* dans une grande *ville. »*

E1		**G**	**S**
sur 1	chaud 13	au (26-4)	dur
alors 5	dans 13	n' ... pas (25-5)	le matin
pour 5	grand 22	il veut (11-3)	tôt
très 10	jeune 22	il dit (22-4)	il (quitter) (12-3)
jour 12	soleil 25	grande (3-3)	arriver

CORRIGÉ DES EXERCICES
ET
TRENTE DICTÉES-TESTS
C.E. 2

Indications concernant les dictées-tests :

La partie *en italique* correspond aux études de la séquence.

Analyse du texte :

colonne E1 : mots spécialement étudiés au CE 1, suivis du numéro de la séquence d'étude CE 1.

colonne E2 : mots spécialement étudiés au CE 2, suivis du numéro de la séquence d'étude CE 2.

colonne G : difficultés grammaticales étudiées dans le livre de l'élève. Chaque difficulté est suivie du numéro de la séquence d'étude et de l'exercice CE 2, et *éventuellement,* du numéro de la séquence d'étude et de l'exercice CE 1 *(en italique).*

colonne S : mots supplémentaires utilisés pour la composition du texte.

(Eventuellement, la dictée d'un test proposé pourra se faire en *deux* séances.)

1 Dans l'autobus

② L'autobus roule d'abord le long de grandes *avenues* bordées d'*arbres. Ensuite,* il arrive dans la *campagne.* Il y a des *fleurs* dans le blé et des *vaches* derrière les barbelés. On voit *faucher* le foin à une *vitesse* incroyable ; un homme est *haut* perché sur le *siège* de sa *machine* rouge. Quand on habite la *ville,* on trouve tout cela très amusant.

---

④ *a)* arbre, blé, ensuite, grand, homme, machine, rouge, siège.
b) amusant, arriver, avenue, faucher, fleur, foin, vache, vitesse, voiture.
c) amusant, arbre, arriver, avenue, blé, ensuite, faucher, fleur, foin, grand, homme, machine, rouge, siège, vache, vitesse, voiture.

---

⑤ Maman a acheté une nouvelle *machine* à laver. Hier soir, j'ai vu un spectacle *amusant* à la télévision. Quand le *foin* est sec, on le met en tas. Une large *avenue* conduit au château. La voiture de course roule à toute *vitesse.*

Dictée-test

J'ai de la chance : *je suis* en vacances à la campagne. Près de moi, je vois *des vaches* au milieu *des* herbe*s* et *des fleurs des* champ*s*. Plus loin, un homme va *faucher le foin.* Il prend place sur le *siège* de sa *machine* rouge ; *ensuite,* il fait tourner le moteur à grande *vitesse.* Quand on vient d'*arriver,* on trouve cela très *amusant,* surtout quand on *habite* la ville, près d'une grande *avenue.*

E1		**E2**	**G**	**S**
quand 1	milieu 14	cela 3	à (25-2) *(9-6)*	et
sur 1	plus 14	chance 8	je vois (6-6)	il y a
rouge 1	prendre 17	trouver 8	*(19-5)*	
homme 2	herbe 19	venir 10	il va (4-3)	
faire 4	loin 19	près de 12	*(1-7)*	
moi 5	grand 22	vacances 16	il prend (14-6)	
place 5	tourner 25	surtout 20	*(20-3)*	
voir 6	champ 29	campagne 21	on trouve	
très 10	ville 30	moteur 30	(12-2) *(12-3)*	
			il fait, on vient	
			(5-3)	

2 Au pays des enfants

③ Un *énorme* nuage noir va cacher le soleil. Le premier *nombre* de deux chiffres est dix. Le pêcheur cherche un *endroit* tranquille au bord de la rivière. La fête aura lieu dans le *parc* du vieux château. Le rideau se lève, le *spectacle* va commencer.

---

④ *a)* peine, nombre, valoir, énorme, parc, dire, spectacle, jusque.
b) dire, énorme, jusque, nombre, parc, peine, spectacle, valoir.

---

⑤ Paul et Isabelle se trouvaient dans un grand *parc.* Ils oubliaient l'*endroit* où ils allaient. Il faut *dire* que le *spectacle* qu'ils voyaient en valait la *peine.* Un grand *nombre* d'enfants s'amusaient à l'*ombre* des arbres. Des balançoires accrochées aux *branches* semblaient s'envoler *jusqu'*au ciel. Un *énorme* ballon paraissait rebondir de *lui-même.*

---

⑥ Il n'y avait pas une seule grande personne dans le village.

Dictée-test

J'ai un *énorme* ballon et *je vais* chercher un *endroit* pour jouer. Dans le *parc* voisin, il y a déjà un *grand nombre* de garçons et de filles. A l'entrée, près de la *grande* porte, je regarde un enfant qui se balance. Il faut *dire* que le *spectacle* en *vaut* la *peine :* cet enfant va très haut ; il *semble s'envoler jusqu'au* ciel. *Je jouerai* un peu plus loin, *je* ne *devrai* pas *oublier* de rentrer à la maison avant cinq heures.

E1		E2	G	S
ballon 3	heure 12	un peu 4	je regarde (12-2) *(12-3)*	et
haut 3	dans 13	déjà 8	il va (4-3) *(1-7)*	il y a
maison 3	garçon 13	entrée 9	à (25-2) *(9-6)*	il se balance
cinq 4	plus 14	près de 12	cinq ... (17-2) *(4-4)*	il faut
pour 5	ciel 15	voisin 16	cet (8-3, 11-6)	
rentrer 6	regarder 18	avant 29		
jouer 7	loin 19			
fille 10	enfant 25			
très 10	chercher 29			
porte 11				

3 Le cirque au village

② *a)* a,e,f,u,v. â,e,h,t. b,d,e,l,o,u. c,e,f,o,r.
b) a,c,h,i,n,o,p,r. a,c,e,l,p. c,e,i,q,r,u. a,d,g,n,r. d,e,i,o,r,v. a,c,e,l.
c) cela, cirque, devoir, double, fauve, force, grand, hâte, place, prochain.

---

④ Après le repas du soir, j'ai *hâte* d'aller me coucher. Mon oncle a tué un lièvre le *lendemain* de l'ouverture de la chasse. Le *prochain* train arrivera dans un quart d'heure. L'eau de la *fontaine* est claire et fraîche. A la fin de la *représentation,* le directeur du cirque remercie les spectateurs.

---

⑤ *a)* Gilles avait des dispositions pour travailler dans un cirque.
b) Un petit garçon a conduit deux beaux chevaux à l'abreuvoir du village.

---

⑦ Un *cirque* doit venir s'installer la semaine *prochaine* sur la grande *place,* devant la *fontaine.* Il donnera deux *représentations.* A l'école, le *lendemain,* tous les enfants ne *parlaient* que de cela. Y aurait-il des bêtes *fauves* ? *A force de* s'exercer, Gilles était *parvenu* à faire le *double* saut périlleux. Il avait *hâte* de savoir s'il le faisait *aussi* bien que les vrais *artistes.*

Dictée-test

Une grande nouvelle vient de *parvenir* au village : « La *semaine prochaine,* un cirque donnera deux *représentations* sur la place, devant la *fontaine.* » Le *lendemain,* Gilles ne parle que de *cela* avec *ses* camarades. *Maintenant,* il a *hâte* de voir le spectacle. Sa maman lui dit : « *Tu viendras* avec moi, *tu verras* des bêtes *fauves* et un artiste qui fait des tours de *force* et un *double* saut sur son cheval. »

E1		E2	G	S
sur 1	devant 8	spectacle 2	il fait, vient, dit (5-3) *(22-4)*	un saut (sauter)
deux 4	école 11	artiste 4	il donnera (4-3) *(15-4)*	et
faire 4	maman 12	tour 10	à (25-2) *(9-6)*	
avec 5	donner 22	venir 10	il parle (12-3) *(12-3)*	
moi 5	grand 22	village 10	son ... (3-3, 11-6) *(9-3)*	
place 5	cirque 26	camarade 12	deux ... (17-2) *(4-4)*	
cheval 6	bête 27	parler 12	des bêtes fauves (4-5) *(10-2)*	
voir 6		nouvelle 19		

4 Les débuts d'un jeune artiste

④ Un orage a éclaté au *début* de la nuit. Beaucoup de *gens* partent en vacances au mois de juillet. Maman me dit : « Avant de jouer, tu vas *terminer* ton travail. » Tous les *numéros* se terminant par sept gagnent un lot. Le jeune oiseau bat des ailes et prend son *vol.*

---

⑥ Gilles est un jeune *artiste* qui fait ses *débuts.* Le *soir,* il est très ému. En voyant qu'il termine son *numéro* sans casser d'assiettes, il reprend *courage.* Il a un peu *peur* quand un des jeunes *gens* le lance en l'air pour que l'*autre* le rattrape au *vol.* Mais il sait que l'exercice est *moins* difficile qu'il n'en a l'*air.*

---

⑦ *a)*

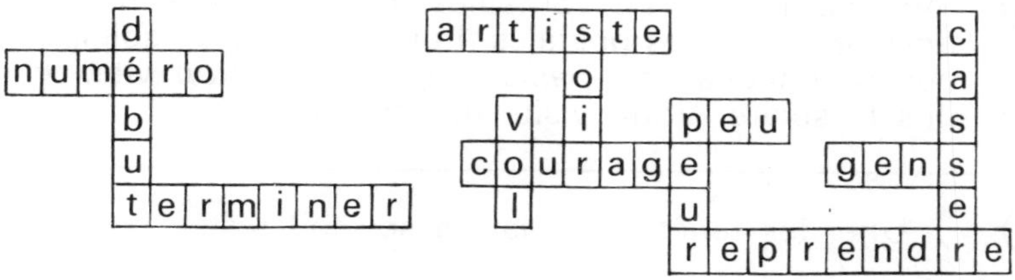

b) artiste, casser, courage, début, gens, numéro, peu, peur, reprendre, soir, terminer, vol.

Dictée-test

Le *soir,* au *début* de la représentation, le jeune *artiste a* l'air *un peu* ému. *Un peu* plus tard, *il reprendra courage* quand *il* parviendr*a* à *terminer* son *numéro* sans rien *casser. Il* aur*a* encore *un peu peur* quand *on* le lancer*a* en l'air, mais un jeune homme fort le saisir*a* rapidement au *vol* !... A la sortie, les *gens* sont content*s* du spectacle, *les* grande*s* personne*s* comme *les* petit*s* enfant*s*.

E1	E2	G	S
grand 1	spectacle 2	à (25-2) *(9-6)*	ému
homme 2	représentation 3	ils sont (23-2) *(23-4)*	sans
petit 2	parvenir 3	son ... (3-3, 11-6)	lancer
comme 7	content 11	*(9-3)*	saisir
plus 14	sortie 12		
jeune 21	personne 15		
air 23	rien 16		
enfant 25	rapidement 22		
tard 27			

5 Le petit chat

② Nicole a *reçu* avec beaucoup de *plaisir* le cadeau de sa marraine. Dans un *panier* garni de *paille,* il y avait un petit chat tout *blanc* qui se tenait tout *juste* sur ses petites *pattes.* Toute la famille a cherché pour le *nouveau* venu un *nom* qui ne soit pas trop *commun.* C'est Boby qui a eu l'*idée* de l'appeler « Goutte de Lait ».

---

④ *a)* commun, panier, paille, plaisir, patte, juste.
b) commun, juste, paille, panier, patte, plaisir.

---

⑤ Papa va mettre en bouteilles du vin *nouveau.* J'aime bien *recevoir* des cartes postales. Pour travailler au soleil, le jardinier met un chapeau de *paille.* Tu marches *trop* vite, je ne peux plus te suivre. Votre visite m'a fait *plaisir.*

---

⑦ *a)* Une des fenêtres de la classe était restée entrouverte.

Dictée-test

Jamais Nicole ne pourra *recevoir* un cadeau avec *autant* de *plaisir.* Elle reverra *toujours* son *petit chat blanc* comme une boule de neige, dans un *panier* garni de *paille. Il se tenait* tout juste sur ses petites *pattes.* Nicole *voulait* donner un *nom* à son *nouveau* compagnon de jeu. *Elle trouvait* que « Blanchet » *était* un *nom trop commun,* mais *elle* n'*avait* pas d'autre *idée.*

E1	E2	G	S
sur 1	trouver 8	elle pourra (4-3) *(15-4)*	garni
petit 2	autre 12	elle n' ... pas (12-5) *(25-5)*	compagnon
avec 5	pouvoir 16	à (25-2) *(9-6)*	elle reverra
comme 7	boule 17	son, ses (3-3, 11-6) *(9-3)*	
cadeau 8	juste 17		
dans 13	jeu 24		
chat 14	vouloir 24		
donner 22			
blanc 24			
neige 25			
jamais 28			

6 Goutte de Lait

② *Mille* est le premier nombre de quatre chiffres. J'allais sortir *lorsque* vous êtes arrivé. Au dessert, Maman a présenté une *corbeille* de fruits. Mon chien a l'air de *comprendre* mes paroles. L'oiseau qui a construit ce joli nid est un *véritable* artiste.

---

④ *a)* devoir, école, lorsque, ouvrir, quand, rentrer, tasse, véritable.
b) commencer, corbeille, lait, madame, mille, partie, partir, tapis.
c) commencer, corbeille, devoir, école, lait, lorsque, madame, mille, ouvrir, partie, partir, quand, rentrer, tapis, tasse, véritable.

---

⑤ *a)* Les parents de Josette habitaient une petite ferme isolée.
b) Le chat de Nicole jouait près du lit de la petite malade.

---

⑦ Goutte de Lait fit aussitôt *partie* de la famille. Il *devait* être très intelligent car il *comprit* aussitôt que Nicole était sa *véritable* maîtresse. Quand elle *partait* pour l'école, il restait roulé en *boule* dans sa *corbeille.* Il n'ouvrait ses petits *yeux* bleus que lorsque *Madame* Dumas lui apportait une *tasse* de lait, mais il commençait à faire *mille* gambades quand Nicole *rentrait.*

Dictée-test

Le petit chat *devait comprendre* que Nicole était sa *véritable* maîtresse. Quand elle *partait* pour l'école, il restait dans sa *corbeille.* Il ouvrait *ses petits yeux bleus* seulement *lorsque Madame* Dumas lui *apportait* une *tasse* de lait. *Lorsque* Nicole rentrait, il *commençait* à faire *mille* tours. Il *devait* penser : « *je fais partie* de la famille, *je vais, je viens, je cours* dans la maison ; je suis heureux. »

E1		**E2**	**G**	**S**
quand 1	rentrer 6	tour 10	à (25-2) *(9-6)*	maîtresse
rester 1	école 11	famille 15	je suis (1-6) *(7-3)*	penser
lait 2	ouvrir 11	seulement 15	mille ... (17-2) *(4-4)*	
petit 2	dans 13		elle était, restait (5-3)	
maison 3	chat 14			
faire 4	heureux 22			
pour 5				

7 Une promenade dangereuse

② *Choisir parmi les mots suivants :* amusant, arriver, artiste, autant, avenue, avouer, bataille, bouteille, casser, colère, commun, courage, cri, dangereux, début, découvrir, dessin, encre, encrier, ensuite, entrée, faucher, fleur, foin, gens, habiter, idée, instant, inutile, journée.

---

③ A la fin d'une merveilleuse *journée* passée dans une *île,* trois enfants *découvrent* une barque. Quelques *instants* plus tard, ils commencent une promenade *dangereuse.* Ils veulent *maintenir* la barque près de la *plage,* mais elle s'éloigne *malgré* leurs efforts. Il est même *inutile* de ramer. A la *pensée* de la nuit qui s'approche, *chacun* tremble sans oser l'*avouer* aux deux *autres.*

---

⑤ *Malgré* le mauvais temps, les pêcheurs ont quitté le port. En un *instant,* le feu a détruit le magasin de meubles. Nous avons plongé dans l'eau de la source notre bouteille de vin pour la *maintenir* fraîche. Le bon ouvrier ne fait aucun geste *inutile.* Au milieu de la rivière, il y a un endroit profond et *dangereux.*

Dictée-test

Marc vient de *découvrir* la barque d'un pêcheur. Il dit : « Si *nous faisions* une *promenade* en mer ? *Nous allons passer* une agréable *journée* ! » Quelques *instants* plus tard, la barque emportait trois enfants. Bientôt, elle partait *vers* le large, *malgré* leurs efforts. Marc comprenait un peu tard que l'endroit était *dangereux.* Il ne voulait pas *avouer* sa peur à ses deux camarades, mais chacun avait la même *pensée.* Maintenant, il était *inutile* de chercher à *maintenir* la barque près de la plage.

E1	E2	E2	G	S
deux 4	endroit 2	camarade 12	il dit (5-3) *(22-4)*	elle
trois 4	maintenant 3	près de 12	il ne ... pas (12-5) *(28-4)*	emportait
chacun 12	un peu 4	agréable 14	ses ... (3-3, 11-6) *(9-3)*	large
plus 14	peur 4	quelque 15	à (25-2) *(9-6)*	effort
barque 19	comprendre 6	bientôt 20	trois ... (17-2) *(4-4)*	
enfant 25	partir 6	pêcheur 23	il vient, partait (5-3)	
tard 27	mer 8	plage 23		
chercher 29	même 10	vouloir 24		
	venir 10			

8 Hors de danger

② *Enfin,* Marc aperçoit au loin une masse *grise* qui se découpe sur la *mer.* Les trois *enfants* abordent ; ils sont hors de *danger.* Ils partagent un morceau de *pain.* Marc dit : « Remontons dans les *rochers.* » Ils ont eu la *chance* de trouver un *refuge,* mais ils ne peuvent *chercher* plus *loin* dans l'obscurité. « De toute *façon,* je ne pourrai pas *dormir* », dit Lise.

---

④ *b)* Le pirate avait allumé une grosse pipe et fumait sans parler.

---

⑥ Le marchand parle de *façon* aimable à ses clients. C'est la première fois que j'ai eu de la *chance* à la loterie. Le vieux mur a servi de *refuge* au chat poursuivi par un chien. Notre boulanger fabrique du bon *pain.* Un morceau de *rocher* s'est détaché de la montagne.

---

⑦ *a)* rocher, chance, refuge, pain, mer, enfin, danger, trouver.
b) chance, danger, enfin, mer, pain, refuge, rocher, trouver.

Dictée-test

Enfin, au loin, sur *cette mer* dangereuse, on pouvait voir des *rochers. Déjà,* le *courant* devenait moins fort. Quelques instants plus tard, la barque était sur le sable. « De toute *façon,* dit Marc, il n'y a plus de *danger.* Nous avons de la *chance.* A *cet* endroit, nous allons *trouver* un *refuge.* Venez avec moi. *Remontons* dans *ces rochers.* Toi, Lise, *coupe ce* morceau de *pain,* nous allons manger un peu. »

E1		E2	G	S
sur 1	plus 14	dire 2	il dit (5-3) *(22-4)*	moins
avec 5	manger 16	endroit 2	il n'y a plus (12-5) *(28-4)*	toi (moi)
moi 5	barque 19	un peu 4	nous avons (7-4) *(6-3)*	
voir 6	loin 19	dangereux 7	quelques ... (16-5, 29-6)	
devenir 10	morceau 27	instant 7	on pouvait (5-3)	
dans 13	tard 27	quelque 15		
fort 13	sable 30	pouvoir 16		

9 Une mauvaise surprise

③ Alain et Bernard étaient ennemis depuis leur *entrée* à l'école. A la *moindre* occasion, c'était la *bataille.* Un *matin,* Bernard avait apporté une petite *bouteille* d'encre pour faire un *dessin* à la *plume.* En rentrant dans la *salle* de classe, il eut une *mauvaise* surprise. Son *encrier* était renversé et son *cartable* couvert de *taches.*

---

④ *a)* Le bouchon de l'encrier était peut-être mal remis.

b) Ils se lançaient des regards furieux de loin mais n'osaient pas bouger.

---

⑤

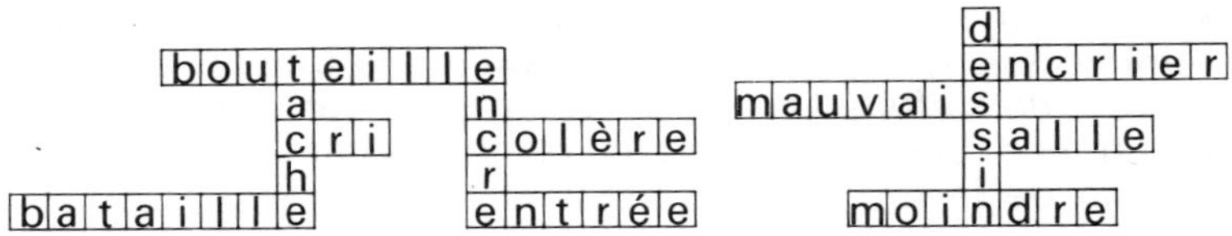

---

⑥ Nous ne sommes pas sortis à cause du *mauvais* temps. A la sortie de l'école, j'ai participé à une *bataille* de boules de neige. Le cheval remue les oreilles au *moindre* bruit. Sur la table, on a posé une *bouteille* de vin et une *bouteille* d'eau. Dans une maison moderne, il y a une *salle* de bains.

Dictée-test

Bernard a apporté une *bouteille* d'*encre* noire pour faire un *dessin* à la plume. *En rentrant* dans la *salle* de classe, il a une *mauvaise* surprise : il voit deux grosses *taches* d'*encre* sur son cartable. Il pense qu'Alain a renversé l'*encrier* et il pousse un *cri* de *colère.* Il faut dire que les deux enfants se livrai*ent* *bataille* à la *moindre* occasion depuis leur *entrée* à l'école.

E1	E2	G	S
sur 1	dire 2	il a apporté (19-3) *(1-7)*	plume
deux 4	apporter 6	à (25-2)*(9-6)*	il (penser)
faire 4	classe 15	il voit (5-3) *(19-5)*	et
gros 5	depuis 15	son (3-3, 11-6)*(9-3)*	il a renversé
pour 5	cartable 16	noire (2-7)*(10-2)*	il faut
école 11	surprise 19	deux grosses taches (6-3) *(24-3)*	ils (se livrer)
dans 13		il pousse (12-2) *(12-3)*	occasion
noir 14		leur ... (7-6)	
enfant 25			

10 Un concours acharné

② Alain et Bernard luttent pour gagner une *superbe* bicyclette. Alain remporte le saut en *hauteur,* Bernard, le saut en *longueur.* A la *course,* dès le premier *tour* de piste, ils laissent les autres *derrière* eux. Bernard prend la tête un *moment,* mais ils arrivent au *but* à la *même* seconde. Comme ils méritent le même *prix,* le maire du *village* fera *venir* une autre bicylette.

---

③ *a)* o,r,t,u. i,p,r,x. b,t,u. e,i,n,r,v.

b) c,e,o,r,s,u. a,e,r,t,u. e,i,p,s,t. a,d,e,i,m,n. e,u,x. a,e,f,i,r.

c) autre, but, course, demain, eux, faire, piste, tour, venir.

---

⑤ Le vieux château situé sur la colline était le *but* de notre promenade. Nous avons passé ensemble un *moment* agréable. Peu à peu, l'avion prend de la *hauteur.* Le lièvre a battu les chiens à la *course.* C'est le cheval noir qui a remporté le premier *prix.*

Dictée-test

Pour *gagner* un *superbe* vélo *brillant,* Alain et Bernard doivent faire une *course.* Au premier *tour* de piste, ils laissent les autres derrière *eux.* Bernard prend la tête un *moment,* mais Alain revient peu à peu à sa *hauteur.* Ils arrivent au *but* en *même* temps. Le maire du *village* dit : « *Vous méritez le prix* tous les deux. Je vais faire *venir* un autre vélo. »

E1	E2	G	S
deux 4	arriver 1	ils doivent (9-2) *(4-2)*	vélo
faire 4	dire 2	il prend (14-6) *(20-3)*	et
pour 5	peu à peu 4	il revient, dit (5-3) *(22-4)*	ils (laisser)
premier 12	devoir 6	à (25-2) *(9-6)*	derrière
tête 16	autre 12	au ... (30-3) *(26-4)*	maire
prendre 17	temps 23	tous les (24-5) *(8-5)*	mais
piste 21		*tous les* (24-5) *(8-5)*	
revenir 28		je vais (6-6) *(4-6)*	

11 A la grande école

② En marchant d'un bon pas, vous arriverez au village dans un *quart* d'heure. Le marché le plus *important* a lieu le dernier samedi du mois. Papa est très *content* de sa nouvelle voiture. C'est le crépuscule ; il fait *presque* nuit. A la rentrée prochaine, nous aurons un nouvel *instituteur.*

---

③ *a)* bon, content, heure, loin, maternel, presque, quart, rentrée.
b) aller, alors, aussi, avec, important, instituteur, sentir, septembre.
c) aller, alors, aussi, avec, bon, content, heure, important, instituteur, loin, maternel, presque, quart, rentrée, sentir, septembre.

---

④ Line allait à la grande école *depuis* la rentrée de *septembre.* Ce n'était plus du tout la même chose que la *maternelle.* L'école était *loin.* Pour y arriver, il fallait *marcher* un bon *quart* d'heure. Une quantité d'*élèves* jouaient dans une *vaste* cour. Line se sentait plus *importante* et *presque* déjà une grande *personne.* La nouvelle *institutrice* était très *contente* car Line savait déjà *lire.*

---

⑤ *b)* Mon père n'a pas un grand magasin, mais une petite boutique.
ou
Mon père n'a pas une petite boutique, mais un grand magasin.

Dictée-test

Depuis la *rentrée* de *septembre,* Line n'allait plus à l'école *maternelle.* Pour arriver à la grande école, il fallait marcher un *bon quart* d'heure. La *cour* de récréation était très *vaste.* L'*institutrice* disait : « Maintenant, *vous êtes* grandes, *vous faites* bien attention, *vous dites* ce que vous ne comprenez pas. » Line disait : « *Nous sommes contentes.* » Elle *se sentait* plus *importante* et *presque* déjà une grande personne.

E1	E2	G	S
pour 5	arriver 1	ne pas, plus (12-5) *(28-4)*	il fallait
très 10	maintenant 3	à (25-2) *(9-6)*	attention
école 11	comprendre 6	elle était, disait (5-3)	ce que
heure 12	déjà 8	vous comprenez (10-4) *(6-3)*	et
aller 14	récréation 12	grandes (6-3) *(10-2)*	
plus 14	depuis 15		
bien 16	personne 15		
grand 22			
marcher 30			

12 Line et ses camarades

③ *a)* élève, écouter, boutique, comprendre, habiter, voiture.
b) boutique, comprendre, écouter, élève, habiter, voiture.

---

④ A la *récréation,* plusieurs *élèves* parlaient de toutes *sortes* de choses que Line ne comprenait pas. L'une habitait une *belle* maison. Il y en avait une *autre* que sa mère venait *chercher* en voiture, à la *sortie. Oui,* Line était très *heureuse* à la maison, mais *depuis* qu'elle écoutait ses *camarades,* la petite *maison* de son père lui semblait *soudain* bien *misérable.*

---

⑥ *a)* Est-ce que ton père pourrait réparer une serrure très ancienne ?
b) Mes parents disent que ton père est un véritable artiste.

---

⑦ Le boulanger ouvre sa *boutique* de bonne heure. Nous allons jouer : tu répondras par *oui* ou par non à ma question. L'homme que nous avons rencontré habite une *misérable* cabane de planches. Je suis fatigué, nous sortirons un *autre* soir. L'ouvrier victime d'un accident a été secouru par son *camarade* de travail.

Dictée-test

A la *récréation,* on *parle* de beaucoup de choses. Line regarde ses *camarades* avec une *sorte* d'envie. Elle *n'*avait *pas* la chance d'habiter *près de* l'école et à la *sortie,* sa mère *ne* venait *pas* la chercher en voiture. Un jour, une *élève* lui dit : « *Tu* marche*s* beaucoup et *tu* porte*s* un cartable très drôle ! » *Oui,* Line *écoute* trop les *autres.* Elle avoue soudain : « *je* trouve la petite *boutique* de mon père bien *misérable.* »

E1		E2	G	S
petit 2	père 17	habiter 1	beaucoup de (15-5) *(25-3)*	et
avec 5	regarder 18	trop 5	elle regarde (12-2) *(12-3)*	
très 10	soudain 18	avouer 7	ses (3-3, 11-6) *(9-3)*	
drôle 11	beaucoup 26	chance 8	à (25-2) *(9-6)*	
école 11	chercher 29	trouver 8	elle venait (5-3)	
voiture 11	marcher 30	venir 10	elle dit (5-3) *(22-4)*	
jour 12	mère 30	porter 13	petite (2-7) *(10-2)*	
bien 16		cartable 16		
		chose 16		
		envie 17		

13 Bumbo

③ Aujourd'hui, il fait *encore* plus froid qu'hier. Le *train* de voyageurs a dépassé un *train* de marchandises. Pour voir de loin, mon grand-père n'a pas *besoin* de lunettes. L'*étoffe* de mon pantalon d'été est très légère. Le soleil m'a fait mal aux *yeux.*

---

④ *a)* encore, étoffe, gare, besoin, train, couper, yeux, savoir.

b) besoin, couper, encore, étoffe, gare, savoir, train, yeux.

---

⑥ Un morceau d'*étoffe* servait de *culotte* à Bumbo. Il n'avait pas *besoin* d'autre vêtement. Ses pieds ne portaient jamais de *souliers.* Pour faire un *chapeau,* il *coupait* une grande feuille. Le chemin de *fer,* il ne savait pas ce que c'était car la *gare* se trouvait à la ville. Il suivait les avions des *yeux.* Un *train,* cela devait être plus beau *encore.*

Dictée-test

Dans le village noir, les toits *sont couverts* de paille et les entrées des maisons *sont ouvertes* tout le jour... Bumbo n'avait pas *besoin* de *porter* des *souliers.* Un morceau d'*étoffe* lui servait de *culotte.* Pour faire un chapeau, il *entourait* sa tête d'une grande feuille qu'il *coupait* avec adresse. Il voulait *savoir* beaucoup de choses. Sa maman lui disait : « *Tu* suis les avions des *yeux,* mais *tu* seras *encore* plus content quand *tu* iras à la ville ; *tu* verras une *gare* avec des *trains.* »

E1		**E2**	**G**	**S**
quand 1	plus 14	dire 2	les toits (1-3) *(1-5)*	et
chapeau 3	tête 16	paille 5	tout le (24-5)	mais
maison 3	famille 21	entrée 9	*(8-5)*	
faire 4	grand 22	village 10	il n'... pas (12-5)	
avec 5	beaucoup 26	content 11	*(25-5)*	
pour 5	morceau 27	chose 16	grande (2-7) *(10-2)*	
voir 6	ville 30	servir 19	beaucoup de (15-5)	
maman 12		adresse 24	*(25-3)*	
dans 13		vouloir 24	à (25-2) *(9-6)*	
avion 14		toit 27	il voulait (5-3)	
noir 14			couvert de (23-6)	

14 Le petit marchand noir

② *Vendre* sur la route, c'était très *agréable* et très *amusant.* On s'installait à l'*ombre* d'un arbre, au bord du *fossé.* Pour *attirer* l'attention, on mettait les *fruits* sur une grande *feuille,* en jolis petits *tas.* Quand une voiture s'arrêtait, le *chauffeur* faisait le plus souvent les *achats* car il connaissait la *langue* du pays. Quelquefois, une *dame* donnait une petite *pièce* au *vendeur.*

---

④ *a)*

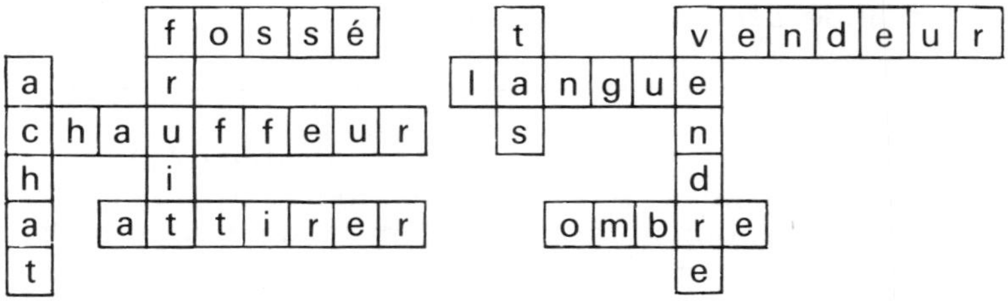

b) achat, attirer, chauffeur, fossé, fruit, langue, ombre, tas, vendeur, vendre.

---

⑤ La pêche est le *fruit* que je préfère. Le vent a emporté une partie du *tas* de foin. Le promeneur se repose quelques instants à l'*ombre* d'un buisson. Pour mieux *vendre,* le marchand présente son étalage d'une façon *agréable.* Mon grand frère apprend une *langue* étrangère à l'école.

Dictée-test

Ses deux paniers *emplis,* le petit marchand noir cherche une place à l'*ombre,* au bord du *fossé,* et commence à *vendre.* Il fait des petits *tas* de *fruits* pour *attirer* les regards. Il trouve cela très *agréable.* Il dit : « Regardez les jolis *fruits* que *je vends.* » Le *chauffeur* d'une belle dame vient faire des *achats parce qu'*il parle la *langue* du pays. La journée *finie,* le petit *vendeur* rentre joyeux à la maison. Ses poches *sont remplies* de pièces brillantes.

E1		E2	G	S
dame 2	joli 9	cela 3	ses (3-3, 11-6)	et
petit 2	pièce 9	panier 5	*(9-3)*	poche
maison 3	très 10	commencer 6	il cherche	brillant
deux 4	pays 13	journée 7	(12-2) *(12-3)*	
faire 4	noir 14	trouver 8	à (25-2) *(9-6)*	
place 5	regarder 18	venir 10	il fait, dit (5-3)	
pour 5	bord 20	parler 12	*(22-4)*	
rentrer 6	marchand 26	regard 22	petits (4-5) *(10-2)*	
joyeux 8	chercher 29		de fruits (17-2)	
beau 9			regardez (8-5)	

15 Une petite fille gâtée (1)

④ Lucette faisait le *bonheur* de toute la famille. Elle avait tous les *jouets* qu'elle voulait. Ses *parents* s'occupaient *beaucoup* d'elle. *Depuis* qu'elle allait en *classe,* toute la *famille* s'intéressait à ses progrès. Son père lui avait acheté un *beau* livre, pas un album avec beaucoup d'*images* et quelques *mots* écrits en grosses *lettres,* mais un vrai livre, *comme* un livre de grande *personne.*

---

⑥ – Que préfères-tu : un livre ou un *jouet* ? Il fait beau *depuis* deux semaines. Je vous ai déjà rencontré *quelque* part. Chaque *personne* qui entre dans le magasin doit prendre un panier pour se servir. Quand j'écris un mot, j'ai soin de bien former chaque *lettre.*

Dictée-test

Lucette faisait le *bonheur* de toute la *famille.* Quand elle était petite, on lui donnait *beaucoup de jouets.* Elle ne faisait pas *beaucoup de bruit.* Elle passait des heures à tourner les feuilles d'un grand livre. Comme elle ne pouvait pas encore lire *quelques mots écrits* en grosses *lettres,* elle regardait *seulement* les *images. Depuis* la dernière rentrée, elle est dans la grande *classe.* Elle commence à lire et à *écrire* comme une grande *personne.*

E1	E2	G	S
quand 1 faire 4 gros 5 comme 7 livre 9 heure 12 dans 13 regarder 18 famille 21 donner 22 grand 22 tourner 25	commencer 6 passer 7 rentrée 11 encore 13 dernier 16 pouvoir 16 lire 18	toute la (24-5) *(24-5)* petite (2-7) *(10-2)* elle ne ... pas (12-5) *(28-4)* des heures (1-3) *(3-5)* à (25-2) *(9-6)* grosses (6-3) *(10-2)* elle est (1-6) *(7-3)* elle faisait (5-3)	et

16 Une petite fille gâtée (2)

③ Lucette dit : – Une petite *sœur,* ça ne me dit *rien* du tout. Un *frère,* c'est mieux. Il *pourra* porter mon *cartable.* – Tu seras sa petite maman, *répond* Madame Bernier. Lucette aurait préféré un *gros* chien comme celui du *voisin* ou encore un *âne* comme *celui* qu'elle a vu l'*an* dernier *pendant* les vacances.

---

④ *a)* attendre, conduire, dernier, été, frère, garçon, mieux, sœur, voisin.
b) cartable, celui, chien, chose, pendant, pouvoir, répondre, rien.
c) attendre, cartable, celui, chien, chose, conduire, dernier, été, frère, garçon, mieux, pendant, pouvoir, répondre, rien, sœur, voisin.

---

⑥ *Pendant* l'orage, les oiseaux ne chantent plus. Les élèves mettent leurs cahiers et leurs livres dans un *cartable.* Le samedi est le *dernier* jour de la semaine. *Pendant* notre absence, notre *voisin* a arrosé nos fleurs. Mes parents ont quelque *chose* à vous dire.

---

⑦ *a)* Il avait trouvé la promenade très amusante et sourit à sa sœur.
b) Assise sur les marches, Lucette berçait son petit frère dans ses bras.

Dictée-test

Lucette ne voulait pas d'une petite sœur. Elle aimait *mieux* un petit frère pour lui faire porter son *cartable,* ou *quelque chose* de plus agréable : un gros chien comme *celui* du *voisin* ou encore un âne. L'*été dernier, pendant les vacances, elle a vu* un petit garçon conduire un âne ; depuis, *rien* ne lui semble plus amusant... Cette fois, on ne va pas *pouvoir répondre* à la demande de Lucette.

E1	E2	G	S
petit 2	amusant 1	ne ... pas, plus (12-5) *(28-4)*	
faire 4	sembler 2	petite (2-7) *(10-2)*	
gros 5	encore 13	son (3-3, 11-6) *(9-3)*	
pour 5	porter 13	il semble (12-2) *(12-3)*	
chien 6	agréable 14	on va (4-3) *(1-7)*	
comme 7	depuis 15	à (25-2)*(9-6)*	
garçon 13	vouloir 24	elle aimait (5-3)	
plus 14	fois 26	cette (8-3, 11-6)	
frère 17			
sœur 17			
conduire 19			
âne 29			

17 Dans le train (1)

④ Le voyageur pose sa *valise* à terre et demande un billet. La petite fille regarde avec *envie* une belle poupée à la vitrine du marchand de jouets. Avec l'âge, mon grand-père est devenu très *maigre.* La salle à manger donne sur le *couloir.* La semaine prochaine, nous partirons en *voyage* pour trois jours.

---

⑥ Une *vieille* dame était assise *juste* en face d'Alain. Elle avait une grosse *valise* et un *sac* de voyage. Tantôt elle essayait de faire *tenir* ce sac *entre* ses genoux, tantôt elle le *posait* à côté d'elle. Du côté du *couloir,* il y avait *deux* messieurs. L'un était gros et *court,* l'autre *long* et très *maigre.* Ils ressemblaient à une *boule* et à une quille. Alain avait *envie* de rire.

---

⑦ *a)* juste, poser, boule, maigre, entre, envie, tenir, valise.
b) boule, entre, envie, juste, maigre, poser, tenir, valise.

Dictée-test

Alain est dans le train. A côté de lui, il y a *trois* autre*s* personne*s.* Toutes les places *sont prises.* Une dame *est assise juste en face de* lui. Elle a une grosse *valise.* Comme elle ne parvient pas à *poser* un petit sac de *voyage,* elle cherche à le faire *tenir entre* ses genoux. Dans le *couloir,* il y a *deux* homme*s* : l'un est grand et *maigre,* l'autre gros et *court.* On dirait une quille et une *boule*. Alain a *envie* de rire.

E1	E2	G	S
dame 2	dire 2	il est (1-6) *(7-3)*	il y a
homme 2	parvenir 3	toutes (24-5) *(24-5)*	ses genoux
petit 2	autre 12	grosse (2-7) *(10-2)*	et
deux 4	train 13	ne ... pas (12-5) *(25-5)*	on dirait
faire 4	personne 15	à (25-2) *(9-6)*	quille
gros 5		elle cherche (12-2) *(12-3)*	
place 5		ses (3-3, 11-6) *(9-3)*	
comme 7		elle parvient (5-3)	
sac 11			
dans 13			
côté 17			
rire 18			
grand 22			
chercher 29			

18 Dans le train (2)

② Cinq *minutes* plus tard, Alain et la dame *bavardaient* comme de *vieux* amis. Alain lui dit qu'il allait *chez* son oncle et sa *tante* et qu'il avait deux *cousins.* Puis la dame se mit à *lire* un journal. Les deux messieurs *fumaient.* Un autre *voyageur* qui portait un *costume* à carreaux s'approcha pour leur *demander* du feu.

---

④ *a)* cousin, fumer, tante, venir, oncle, autre.

b) autre, cousin, fumer, oncle, tante, venir.

---

⑤ Pour aller au mariage de ma sœur, je mettrai un *costume* neuf. Quand le navire va *s'approcher* du port, un petit bateau ira à sa rencontre. Si nous voulons arriver à la maison avant la pluie, nous n'avons pas une *minute* à perdre. Je suis allé à la pêche avec mon oncle et mon *cousin*. Un *voyageur* a oublié un paquet dans le train.

Dictée-test

Cinq *minutes* plus tard, Alain et la dame *bavardaient* comme *de vieux amis.* La dame vient de passer huit jours *chez* ses enfants. Alain va *chez* son oncle et sa *tante.* Il retrouvera avec joie ses deux *cousins.* La dame prend un journal et *se met* à *lire.* Alain regarde dans son panier les provisions *préparées* par sa maman. Dans le couloir, deux hommes *fument.* Un *voyageur* portant un beau *costume s'approche* pour leur *demander* du feu.

E1		E2	G	S
dans 2	maman 12	panier 5	huit ... (17-2)	et
homme 2	dans 13	passer 7	*(4-4)*	les provisions
journal 3	feu 14	venir 10	son, ses (3-3,	leur (demander)
deux 4	plus 14	porter 13	11-6) *(9-3)*	
cinq 4	prendre 17	couloir 17	il va, retrouvera	
avec 5	regarder 18	joie 19	(4-3) *(15-4)*	
pour 5	oncle 21		elle prend	
comme 7	enfant 25		(14-6) *(20-3)*	
beau 9	huit 27		à (25-2) *(9-6)*	
retrouver 10	tard 27		il regarde	
jour 12			(12-2) *(12-3)*	
			elle vient (5-3)	
			portant (9-7)	

19 Une bonne nouvelle

② En *revenant* de l'école, Monique s'aperçut avec *surprise* que son père était *déjà* rentré. Qu'était-il *donc* arrivé ? Ses parents avaient un *visage* joyeux. Sa *mère* lui apprit une bonne *nouvelle* en pleurant de *joie.* – C'est *formidable,* dit-elle, nous avons gagné le gros *lot.* Tu sais *combien* nous vivions à l'*étroit* au cinquième *étage* ; nous nous servirons de l'*argent* pour *acheter* une belle maison.

---

⑥ Maman revient du marché, il ne lui reste pas beaucoup d'*argent.* Le couloir est trop *étroit,* nos meubles ne pourront pas passer. Ma chambre se trouve au premier *étage* de notre maison. L'accident n'a fait aucune victime ; c'est une bonne *nouvelle. Combien* de jours votre voyage doit-il durer ?

---

⑦ *a)*

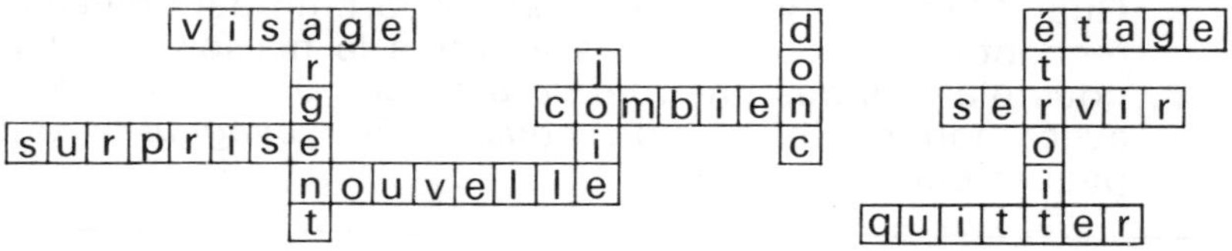

b) argent, combien, donc, étage, étroit, joie, nouvelle, quitter, servir, surprise, visage.

Dictée-test

Une *formidable surprise* attend Monique à son retour de l'école. Elle entre à la maison en courant et dit à sa mère : « *Est-ce que nous avons gagné* ? – Oui, *nous avons gagné* le gros lot, répond Madame Rolland, le *visage* troublé par la *joie.* Nous allons nous *servir* de l'*argent* pour acheter une maison moderne. Tu sais *combien* nous vivons à l'*étroit* au cinquième *étage.* Nous allons *donc* pouvoir *quitter* nos deux petites pièces. » Toute la famille se réjouit de cette bonne *nouvelle.*

E1	**E2**	**G**	**S**
attendre 3	dire 2	elle attend, répond	retour
maison 3	madame 6	(14-6) *(20-3)*	et
deux 4	bon 11	à (25-2) *(9-6)*	troubler(é)
gros 5	oui 12	son (3-3, 11-6) *(9-3)*	cinquième
pour 5	famille 15		
pièce 9	pouvoir 16		
école 11	répondre 16	nous allons (7-4)	
acheter 26	moderne 20	petites (6-3) *(10-2)*	
vivre 29	se réjouir 20	toute la (24-5) *(24-5)*	
mère 30	lot 24	tu sais (13-2)	
	courir 29	cette (8-3, 11-6)	

20 Une famille heureuse

③ *a)* Une gouttière était fixée le long du mur par de gros crochets.

b) On devait pouvoir descendre jusqu'à la rue en posant le pied sur ces crochets.

---

④ *Pendant* le dîner, on ne parla que de la *maison.* On n'en *finissait* pas de faire des projets. Monique se réjouissait *surtout* pour ses parents *dont* la vie sera tellement plus *facile. Bientôt,* Maman fera la *toilette* du petit Bob dans une *salle* de bains *moderne.* Elle fera sécher son *linge* dans son jardin au lieu de l'*étendre* sur une corde *devant* la fenêtre.

---

⑥ *a)* a,b,i,n. a,c,e,f,i,l. e,i,l,u. d,n,o,t.

b) e,i,v. a,i,m,n,o,s. e,g,i,l,n. c,d,e,o,r. d,f,i,o,r. a,d,i,j,n,r.

c) bain, corde, dont, facile, froid, jardin, lieu, linge, maison, vie.

---

⑦ Les grands fauves sont des animaux dangereux, *surtout* quand ils ont faim. La chatte fait la *toilette* de ses petits avec sa langue. La barque s'éloigne de la côte, *bientôt* on ne la verra plus. Le moineau a pris son *bain* dans une flaque d'eau. Il est *facile* de se déplacer quand on a une voiture.

Dictée-test

Pendant le *dîner,* on ne *finissait* pas de parler de la maison : « *Est-ce que nous aurons* un jardin ? Maman *aura-t-elle* une grande cuisine ? » *Bientôt* chacun fera sa *toilette* dans une salle de *bains moderne.* On pourra faire sécher le linge dans la cour *au lieu de* l'*étendre* sur une corde devant la fenêtre. Monique *se réjouissait surtout* pour ses parents *dont* la vie allait devenir beaucoup plus *facile*... Le lendemain, *elle est allée* à l'école toute joyeuse.

E1		E2	G	S
sur 1	maman 12	lendemain 3	grande (2-7) *(10-2)*	sécher
maison 3	dans 13	salle 9	il fera (4-3) *(15-4)*	
faire 4	plus 14	cour 11	ses ... (3-3, 11-6) *(9-3)*	
pour 5	corde 18	parler 12	à (25-2) *(9-6)*	
jardin 6	cuisine 20	pendant 16		
devant 8	fenêtre 20	pouvoir 16		
joyeux 8	grand 22	vie 26		
devenir 10	linge 25			
école 11	beaucoup 26			
chacun 12	parent 28			

21 Un beau dimanche

③ Toute leur *vie,* Marc et Claude se souviendront de ce *dimanche* à la *campagne.* Les heures ont passé à toute *vitesse* : ils ont distribué des *poignées* de *grain* aux poules ; ils sont montés sur le *dos* de la jument que l'on *garde* pour les *menus* travaux. *Chacun* a emporté à Paris une immense *gerbe* de fleurs des champs, *souvenir* de cette heureuse *journée.*

---

④ *a)* beau, campagne, fermier, heureux, menu, poule, souvenir, travail.

b) bien, chacun, dimanche, distribuer, dos, garder, gerbe, grain.

c) beau, bien, campagne, chacun, dimanche, distribuer, dos, fermier, garder, gerbe, grain, heureux, menu, poule, souvenir, travail.

---

⑥ Nous garderons un bon *souvenir* de nos vacances d'été. Le facteur ne commence pas à *distribuer* le courrier dans notre quartier avant dix heures. Une jeune fille a remis une *gerbe* de fleurs au vainqueur de la course. Toute la journée, le chien de chasse a battu la *campagne.* Les enfants seront heureux de faire une promenade à *dos* d'âne.

Dictée-test

Dimanche dernier, Marc et Claude *sont allés* à la *campagne.* Les deux garçons *sont montés* sur le *dos* d'un vieux cheval que l'on *garde* pour les *menus* travaux. Ils ont *distribué* des *poignées* de *grain* aux *poules.* En *souvenir* de cette bonne journée, ils ont *emporté* à la ville une *gerbe* de fleurs des champs.

E1	**E2**	**G**	**S**
sur 1 deux 4 pour 5 cheval 6 garçon 13 champ 29 vieux 29 ville 30	fleur 1 journée 7 bon 11 dernier 16	à (25-2) *(9-6)* aux (30-3) *(26-4)* des, les ... (1-3) *(1-5, 3-5)* gerbe de fleurs (17-2) cette ... (8-3, 11-6)	et

22 Le petit chat dans le platane

② Avant de jouer, nous allons *désigner* le capitaine de l'équipe. Chacun de nous pourra donner son *avis*. Le meuble verni est très *lisse*. La nuit dernière, un renard a semé la *terreur* dans la basse-cour. Nous n'avons pas pu dormir *à cause du* bruit des voitures.

---

③ *a)* toucher, avis, lisse, cause, regard, doigt, prise, cœur.
b) avis, cause, cœur, doigt, lisse, prise, regard, toucher.

---

⑥ Les *gens* sont rassemblés *à cause d'*un petit *chat* qui miaule sur une haute branche, le poil hérissé de *terreur*. Ils donnent leur *avis*, mais ils ne font *rien*. Une dame *désigne* de son gros *doigt* rouge le platane au tronc *lisse*. Marianne se sent le *cœur* serré. Tout à coup, un petit *garçon* se faufile au *premier* rang. Il *touche* le tronc de l'arbre et trouve une *prise*. Il s'élève *rapidement* sous les *regards* surpris.

Dictée-test

« *Je suis arrivée* en courant, dit Marianne... Est-ce qu'il y a un *accident* ? – Non, on voit beaucoup de gens sur la place *à cause d'*un petit chat », répond une dame. Cette dame *désigne* de son gros *doigt* rouge un arbre au tronc *lisse*. *Une jeune femme et un marchand parlent*. Ils donnent leur *avis*. Tout à coup, un petit garçon qui a bon *cœur* s'approche. Il *touche* l'arbre et trouve une *prise*. Il monte *rapidement* sous les *regards* des gens et prend dans ses bras le petit chat fou de *terreur*.

E1	E2	G	S
rouge 1 sous 1 sur 1 dame 2 petit 2 monter 3 gros 5 place 5 voir 6 bras 7 dans 13 garçon 13 arbre 14 chat 14 beaucoup 26	dire 2 gens 4 trouver 8 bon 11 répondre 16 s'approcher 18 fou 24 tout à coup 30	elle dit, voit (5-3) *(22-4)* son ... (3-3, 11-6) *(9-3)* au ... (30-3) *(26-4)* ils donnent (9-2) *(4-2)* il trouve (12-2) *(12-3)* il prend, répond (14-6) *(20-3)* à (25-2) *(9-6)* en courant (9-7) est-ce que (19-5) cette (8-3, 11-6)	il y a non tronc et

23 En vacances

(3) Denis et Bernard sautent *vivement* du *lit.* Ils ouvrent les *volets.* Le temps est *magnifique.* Les deux garçons sont *comme* chez eux sur la grande *plage* de sable *fin.* Ils disent *bonjour* à tous les pêcheurs du *pays.* Quand on a travaillé toute l'*année,* il est *bon* de flâner ainsi sous le soleil *joyeux* du *mois* de juillet.

---

(5) Prévoir le *temps* n'est pas une chose facile. J'ai hâte de connaître la *fin* de votre histoire. A cent mètres d'ici, vous découvrirez un *magnifique* panorama. Février est le *mois* le plus court de l'année. Un rayon de lune passe sous un *volet* de ma chambre.

Dictée-test

Denis et Bernard sautent *vivement* du *lit.* Ils ouvrent les *volets.* Le temps est *magnifique.* Les deux garçons *ont* le cœur joyeux. Sur la grande *plage de sable fin, ils sont* comme chez eux. Ils disent *bonjour* à chaque *pêcheur* du pays. Ils pensent à la partie de pêche qu'*ils* fer*ont* bientôt. Après le travail d'une *année* scolaire, il est bon de marcher ainsi, au bord de la mer, sous le soleil du *mois* de *juillet.*

E1	E2	G	S
sous 1	dire 2	ils sautent (9-2) *(4-2)*	et
sur 1	partie 6	il est (1-6) *(7-3)*	penser
travail 2	mer 8	les ... (1-3) *(1-5)*	ainsi
deux 4	eux 10	grande (2-7) *(10-2)*	
comme 7	bon 11	à (25-2) *(9-6)*	
joyeux 8	chez 18	au ... (30-3) *(26-4)*	
ouvrir 11	bientôt 20	chaque (28-5, 29-6)	
pays 13	cœur 22		
après 20	scolaire 29		
bord 20	pêche 30		
grand 22			
sauter 23			
soleil 25			
chaque 29			
marcher 30			

24 A la fête

② C'est la fête du *village.* Il y a des marchands, des tirs à la *carabine,* des jeux d'*adresse.* On peut gagner de *nombreux* lots : des *poupées,* des bouteilles de *vin,* un lapin *vivant.* Une *foule* serrée défile *entre* les baraques. Les jeunes *gens* font un peu les *fous* et les enfants sont *partout.* Laurent *veut* tout voir en même *temps,* mais ce n'est pas *possible.* Il tourne la *tête* dans toutes les *directions.*

---

④ *a)* Laurent se retrouve soudain avec une grosse boule blanche entre les bras.
b) C'est un lapin russe, tout blanc, avec des yeux rouges.

---

⑥ A la vente, papa a acheté un *lot* d'outils de jardinage. Les plantes grasses ne poussent pas *partout.* Avant les premiers froids, les oiseaux migrateurs s'en vont en *direction* du sud. Le jour de la foire, un petit garçon a perdu ses parents dans la *foule* des acheteurs. Nous avons organisé un grand *jeu* de piste en forêt.

---

⑦ *a)*

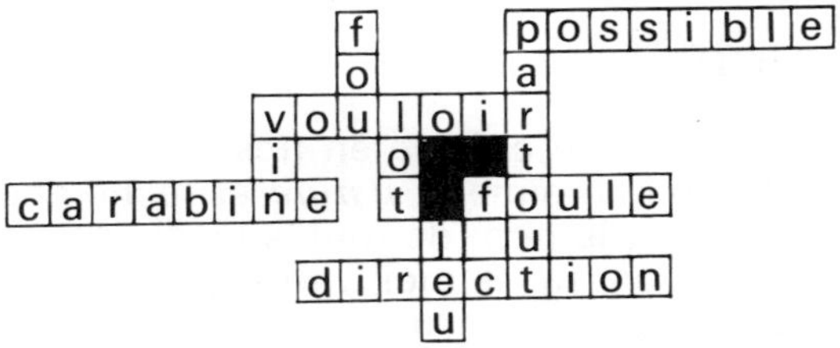

b) carabine, direction, fou, foule, jeu, lot, partout, possible, vin, vouloir.

Dictée-test

A la fête du village, il y a des tirs à la *carabine* et des *jeux* d'*adresse. On peut* gagner de *nombreux lots :* des poupées, des bouteilles de *vin ;* il est même *possible* d'emporter un lapin ! Dans la *foule,* les jeunes gens font un peu les *fous. Tous les enfants* sont joyeux. Ils vont *partout.* Laurent tourne la tête dans *toutes les directions.* Il dit : « *Je veux* voir *tous les marchands* en même temps. »

E1	E2	G	S
voir 6	dire 2	des ... (1-3) *(3-5)*	il y a
poupée 7	gens 4	à (25-2) *(9-6)*	tir
fête 8	un peu 4	il est (1-6) *(7-3)*	et
joyeux 8	bouteille 9	jeunes (4-5) *(10-2)*	
dans 13	gagner 10	ils font (23-2) *(23-4)*	
tête 16	même 10	il tourne (12-2) *(12-3)*	
jeune 22	village 10	il dit (5-3) *(22-4)*	
tourner 25	emporter 21		
marchand 26	temps 23		
lapin 27			

25 L'enfant et le vieillard

④ *a)* a,p,s. a,d,e,n,r. l,o,p,u. a,i,p,x.
b) a,e,n,r,t,u. c,e,r,u,x. d,e,i,l,o,s,t,u. m,o,r,t. b,i,o,s. a,e,p,r,s.

⑤ La *cabane* de planches du père Pégase est en très *mauvais* état. Tout autour, quel *silence,* quelle *solitude,* quelle *paix* ! Le père Pégase lit dans la *nature* comme dans un grand *livre.* Il sait le *nom* de toutes les fleurs *sauvages* et leurs *histoires.* En marchant à pas de *loup* avec lui, Nicolas a vu des écureuils et des petits *lapins.* Il a surpris le *renard.*

⑦ Grand-mère raconte à son petit-fils une *histoire* du temps de sa jeunesse. Je ne veux pas habiter une maison au milieu de la forêt parce que je n'aime pas la *solitude.* Notre chat et notre chien ne se battent jamais ; ils vivent en *paix.* La neige est dure et glissante ; les voitures roulent au *pas.* Notre voiture a beaucoup roulé, mais le moteur est encore en bon *état.*

Dictée-test

Le père Pégase habite une *cabane* en très mauvais *état,* au bord de la rivière, après le bois. Il aime la *nature* et recherche la *solitude,* la *paix* et le *silence.* Il sait le nom de toutes les fleurs *sauvages* et leurs *histoires.* « Le père Pégase et moi, *nous sommes allés* en promenade, dit Nicolas. Nous avons trouvé un nid au *creux* d'un arbre mort. » En marchant *à pas* de *loup,* Nicolas *a* vu des petits lapins et il *a* surpris un *renard.*

E1	E2	G	S
petit 2	fleur 1	il aime (12-2) *(12-3)*	et
moi 5	habiter 1	il sait, dit (5-3) *(22-4)*	rechercher
nid 8	dire 2	toutes les (24-5) *(24-5)*	surprendre
très 10	nom 5	au ... (30-3) *(26-4)*	
rivière 13	promenade 7	des ... (1-3) *(3-5)*	
arbre 14	trouver 8	leurs (7-6)	
bois 17	mauvais 9	en marchant (9-7)	
père 17	savoir 13	nous avons trouvé (19-3)	
après 20		il a vu (16-2)	
bord 20		il a surpris (17-5)	
lapin 27			
mort 28			
aimer 30			
marcher 30			

26 La mésange guérie

② *a)* battre, chant, entendre, fois, insecte, oiseau, région, utile.
b) aile, air, ami, chacun, comme, vérifier, vie, vif.
c) aile, air, ami, battre, chacun, chant, comme, entendre, fois, insecte, oiseau, région, utile, vérifier, vie, vif.

---

③ La mésange tournait sa petite tête *vive.* Elle a entendu le *chant* des autres *oiseaux,* elle a senti l'air *frais.* Alors, elle a *battu* des ailes une *fois,* deux *fois,* comme pour *vérifier* qu'elle pouvait s'en servir et *soudain,* elle a pris son *vol.* Une mésange *détruit* des milliers d'*insectes* au cours de sa *vie.* C'est un des oiseaux les plus *utiles* de nos *régions.*

---

⑤ La nuit dernière, un *insecte* m'a piqué pendant mon sommeil. Pour mon anniversaire, je préfère un jouet à un cadeau *utile.* Le paysan se lève de bonne heure, dès le *chant* du coq. On peut dresser un animal sans le *battre.* Nous vivons dans la même *région,* à vingt kilomètres l'un de l'autre.

---

⑥ *a)* Dans son jardin, le vieil homme a mis des nids pour les oiseaux.

Dictée-test

La mésange semble dire aux deux garçons : « Merci, *vous êtes allés* chez un brave homme pour lui demander de me soigner. » Elle *entend* le *chant* des autres *oiseaux* ; alors, dans l'air *frais,* elle commence à *battre* des ailes, une *fois,* deux *fois,* pour *vérifier* qu'elle peut maintenant prendre son vol... Les mésanges sont des *oiseaux* de nos *régions* très *vifs* et très *utiles.* Elles passent toute leur *vie* à *détruire* de nombreux *insectes.*

E1	E2	G	S
homme 2	dire 2	elle semble (12-2) *(12-3)*	mésange
maintenant 3	sembler 2	aux (30-3) *(26-4)*	brave
deux 4	vol 4	elle entend (14-6) *(20-3)*	soigner
alors 5	commencer 6	à (25-2) *(9-6)*	et
pour 5	passer 7	des ... (1-3) *(3-5)*	
merci 9	autre 12	elle peut (24-3) *(11-3)*	
très 10	pouvoir 16	*son (3-3, 11-6) (9-3)*	
dans 13	chez 18	ils sont (23-2) *(23-4)*	
garçon 13	demander 18	elles passent (9-2) *(4-2)*	
prendre 17	nombreux 24	leur vie (7-6)	
air 23		de nombreux ... (18-3)	
aile 25			

27 Chez Mademoiselle Herminie

② *Mots formés :* jardinier, remettre, retrouver, arracher, ardoise, fenêtre.

---

③ Il y a des *ardoises* neuves sur le *toit* de la maison de *Mademoiselle* Herminie. Un *jardinier* a remis le jardin en *état.* Il a arraché les *mauvaises* herbes, refait les massifs de *roses.* Le petit pavillon chinois a retrouvé son toit *pointu,* et ses *fenêtres* ont à nouveau des *vitres.* Les enfants du *voisinage* continuent d'aller et de *venir* dans le domaine.

---

⑥ Chaque matin, le marchand écrit à la craie le prix des légumes sur une *ardoise.* Une hirondelle a fait son nid sous le *toit* de notre maison. Je me suis piqué la main en coupant une *rose.* Le clocher *pointu* de l'église est visible de loin. Pour *remettre* à neuf la maison de mes grands-parents, nous dépenserons beaucoup d'argent.

Dictée-test

« Chez *Mademoiselle* Herminie, *les travaux* sont terminés. *Fais* le tour de la maison, *va* dans le jardin et *regarde* : tu verras le *toit pointu* avec ses *ardoises* neuves. Toutes les fenêtres ont maintenant des *vitres.* Pour *remettre* en état les massifs de *roses,* un *jardinier* a *arraché* les mauvaises herbes. Une seule chose n'a pas *changé* : les enfants du *voisinage continuent* d'aller et de venir comme chez eux dans le domaine. »

E1	E2	G	S
maison 3	maintenant 3	tu verras (3-6) *(15-4)*	et
avec 5	mauvais 9	ses (3-3, 11-6) *(9-3)*	massif
pour 5	eux 10	neuves (6-3) *(10-2)*	domaine
jardin 6	tour 10	toutes les (24-5) *(24-5)*	
voir 6	venir 10	elles ont (23-2) *(23-4)*	
comme 7	chose 16	il a arraché (19-3) *(1-7)*	
neuf 7	chez 18	les ... (1-3) *(1-5)*	
dans 13	état 25	seule (2-7) *(10-2)*	
aller 14		elle n'a pas (12-5) *(25-2)*	
herbe 19		... de roses (17-2)	
fenêtre 20		ils sont terminés (21-5)	
seul 20			
enfant 25			

28 Hiver en Sologne

② Il manque un *rayon* à la roue avant de mon vélo. Le malade va mieux, il a le visage moins *pâle*. Le pêcheur suit des yeux le bouchon qui flotte à la *surface* de l'eau. Au début de l'*hiver*, les nuits sont très longues. Au fond du ruisseau, un petit poisson s'est caché sous une *pierre*.

---

④ *a)* pierre, hiver, rayon, nez, camion, bise, pâle, risque.

b) bise, camion, hiver, nez, pâle, pierre, rayon, risque.

---

⑥ Un *pâle* soleil d'*hiver* essaie de glisser ses *rayons* à travers les branches dénudées. La *terre* est aussi dure que la *pierre* la plus *dure*. Un *camion* pourrait circuler sans *risques* sur la *surface* des étangs gelés. La *bise* méchante vous pénètre de *partout* sitôt qu'on met le *nez* dehors. *Heureusement*, le feu crépite joyeusement dans *chaque* cheminée.

---

⑦ *a)* Nous allons annoncer aux invités que la partie de chasse est terminée.

b) Dans la forêt, les sangliers forment un cercle autour de la petite fille.

Dictée-test

Cette année, l'*hiver* est très rude. « *Soyons* heureux malgré le froid, dit le garde-chasse, car le bois ne *manque* pas. *Faites* du feu dans *chaque* cheminée... » Dehors la *bise méchante* fait rougir le *nez*. Les *rayons* du soleil sont *pâles*. La *surface* de la terre est aussi *dure* que la *pierre* la plus *dure*. Un *camion* peut rouler sans *risques* sur la glace de l'étang.

E1		E2	G	S
rouler 1	plus 14	dire 2	il dit (5-3) *(22-4)*	rude
sur 1	froid 15	malgré 7	ne ... pas (12-5) *(28-4)*	garde-chasse
faire 4	bois 17	année 23	ils sont (23-2) *(23-4)*	cheminée
terre 7	heureux 22		il peut (24-3) *(11-3)*	rougir
aussi 10	dehors 23		il est (1-6) *(7-3)*	sans
très 10	soleil 25			glace
dans 13	chaque 29			étang
feu 14				

29 Fin de vacances

③ C'est la *fin* de la belle *saison.* Les *hirondelles* se rassemblent en *bandes* sur les fils *électriques* avant leur départ. La rentrée *scolaire* aura lieu dans *trois* jours. C'est *pourquoi* Isabelle et son *frère* profitent des *dernières* heures de *liberté* pour cueillir des mûres. Leur chien noir, un grand *chasseur,* est plus intéressé par les *lapins* que par la *récolte* des fruits. Il est essoufflé d'avoir *couru* comme un fou.

---

④ *a)*

									c	o	u	r	i	r								f		
				a					h							l						i		
				v				s	a	i	s	o	n		h	i	r	o	n	d	e	l	l	e
			b	a	n	d	e	■	s							b								
				n	■	■	■	■	s	c	o	l	a	i	r	e								
é	l	e	c	t	r	i	q	u	e							r	é	c	o	l	t	e		
									u							t								
						p	o	u	r	q	u	o	i			é								

b) avant, bande, chasseur, courir, électrique, fil, hirondelle, liberté, pourquoi, récolte, saison, scolaire.

---

⑦ Je vais offrir un moulin à café *électrique* à Maman. *Pourquoi* es-tu arrivé en retard à l'école ? J'ai soigné un moineau blessé, puis je lui ai rendu la *liberté.* Vous allez marcher très vite, mais vous n'aurez pas le droit de *courir* ; c'est la règle du jeu. Notre vieille école a été remplacée par un groupe *scolaire* moderne.

Dictée-test

Dans la rue, on voit des *bandes* d'*hirondelles* sur *chaque fil électrique* ; malgré cela, la *saison* est encore belle. Isabelle et son grand frère profitent de leurs dernières heures de *liberté avant* la rentrée *scolaire.* C'est *pourquoi ils sont partis* dans la campagne, à la *récolte* de *quelques* fruits sauvages. Leur chien noir est un grand *chasseur.* Tout à coup, il se met à *courir* comme un fou dans les champs ; *il a vu quelque* chose ou *il a senti quelque* lapin.

E1		E2		G	S
sur 1	noir 14	cela 3	chose 16	on voit (5-3) *(22-4)*	et
chien 6	frère 17	malgré 7	dernier 16	elle est (1-6) *(7-3)*	c'es
voir 6	loin 19	rentrée 11	se mettre 18	son (3-3, 11-6) *(9-3)*	
comme 7	rue 20	sentir 11	campagne 21	ils profitent (22-7) *(4-2)*	
beau 9	grand 22	encore 13	fou 24	dernières (6-3) *(10-2)*	
heure 12	lapin 27	fruit 14	sauvage 25	à (25-2) *(9-6)*	
dans 13	champ 29	quelque 15	tout à coup 30	au (30-3) *(26-4)*	
				... d'hirondelles (17-2)	
				leur (7-6)	

30 Partie de pêche en mer

② *a)* Il y a comme une épaisse fumée qui se répand de plus en plus sur la mer.

④ Le bateau d'Hervé est une bonne barque, *robuste,* pourvue d'un *puissant* moteur. Hervé *dirige* son bateau avec habileté. Il passe *devant* la jetée qui ferme le *port.* Un homme fait des grands *gestes* d'au revoir. La mer est d'*huile*. Pas une *vague. Tout à coup,* les goélands ressemblent à des *canards* posés sur un lac. « *Maintenant,* nous allons commencer à *pêcher* », dit Hervé.

⑤ *a)* a,c,l. o,p,r,t. a,e,g,u,v. e,g,i,n,s.

b) e,m,o,r,t,u. e,h,i,l,u. b,e,o,r,s,t,u. c,o,p,u. a,d,e,n,t,v.

c) coup, devant, huile, lac, moteur, port, robuste, signe, vague.

⑦ Les oiseaux chantaient ; *tout à coup,* on n'entendit plus rien. La porte du jardin est difficile à ouvrir ; il faudra mettre quelques gouttes d'*huile* dans la serrure. Pour escalader les rochers en haute montagne, il faut avoir une santé *robuste.* Quand les hirondelles volent bas, c'est *signe* de pluie. La petite barque a été soulevée puis renversée par une *vague.*

Dictée-test

Souvent, Hervé *est allé* à la *pêche* en mer... La barque du jeune garçon est *robuste,* son *moteur* est *puissant.* Hervé sait la *diriger* avec adresse... Ce matin, *au* moment de quitter le *port,* il fait un *signe* de la main *aux* parents de ses amis... La surface de la mer est d'*huile* comme celle d'un *lac*. On ne voit pas une *vague. Tout à coup,* quelques poissons viennent autour de la barque. « Maintenant, dit Hervé à ses deux camarades, nous allons commencer à *pêcher.* »

E1		E2	G	S
deux 4	poisson 13	dire 2	à (25-2) *(9-6)*	matin
faire 4	barque 19	maintenant 3	elle est (1-6) *(7-3)*	celle
ami 5	souvent 21	commencer 6	*son, ses* (3-3, 11-6) *(9-3)*	
avec 5	jeune 22	mer 8	il sait, dit (5-3) *(22-4)*	
voir 6	autour 24	moment 10	ne...pas (12-5) *(28-4)*	
comme 7	main 24	camarade 12	ils viennent (9-2) *(4-2)*	
garçon 13	parent 28	savoir 13	nous allons (7-4) *(6-3)*	
		quelque 15	ce ... (8-3, 11-6)	
		quitter 19	quelques (16-5, 29-6)	
		adresse 24		
		surface 28		

N° d'éditeur : 10150073

Imprimé en France sur les presses de
l'Imprimerie France Quercy, 46090 Mercuès

Dépôt légal : juin 2008
N° d'impression : 80237 FF